# CHRONIQUE

DE LA

# GUERRE D'ITALIE

PARIS. — IMPRIMERIE DE CH. LAHURE ET Cie
Rues de Fleurus, 9, et de l'Ouest, 21

# CHRONIQUE

DE LA

# GUERRE D'ITALIE

PAR

 EDMOND TEXIER

PARIS

LIBRAIRIE DE L. HACHETTE ET Cie

RUE PIERRE-SARRAZIN, N° 14

1859

Droit de traduction réservé

## AVERTISSEMENT.

Ces lettres, écrites au jour le jour pendant la guerre et adressées au directeur politique du *Siècle*, M. L. Havin, sont réimprimées aujourd'hui telles qu'elles ont paru dans le journal qui les a publiées. L'auteur n'y a fait aucun changement. Tracées à la hâte, sur le coin d'une table, après une journée de fatigues, ces lignes portent certainement la trace de négligences échappées à l'improvisation ; mais, en les modifiant, l'auteur eût craint d'altérer le sentiment qui les a dictées et l'impression sous laquelle elles ont été écrites.

# CHRONIQUE

### DE LA

# GUERRE D'ITALIE.

Gênes, le 28 avril.

J'avais cru, mon cher monsieur, que j'irais à Gênes tout droit comme une flèche, mais que d'accrocs tout le long de la route. A Marseille, les bateaux à vapeur faisaient relâche; ils ne manquaient pas pourtant. Dix superbes paquebots de la compagnie des Messageries impériales fumaient dans le port de la Joliette et attendaient, m'a-t-on dit, un ordre pour aller prendre nos troupes à Toulon et les transporter à Gênes. La voie de mer m'étant fermée, je me décidai, bon gré, mal gré, à suivre le chemin des écoliers et à passer par la Corniche. A Nice, les étrangers pliaient bagages. A chaque instant, des chaises de poste se dirigeaient vers la frontière, emportant des Allemands et des Anglais. Nice me fit l'effet d'une hôtellerie abandonnée.

Dans toutes les villes du littoral, Porto Maurizio, Oneglia, Albenga, on ne pouvait nous dire un seul mot des événements; mais la population était inquiète et fiévreuse. Elle entourait la malle-poste et demandait impérieusement des nouvelles. A Savone, deux mille personnes se pressaient sur le port, suivant du regard une grande frégate qui se balançait à l'horizon, le cap sur Gênes. « Ce sont les troupes françaises! » cria un homme armé d'une longue-vue, et le cri *Viva la Francia!* s'échappa en même temps de toutes les poitrines.

J'arrivai à Gênes le premier jour du débarquement, et je n'ai pas besoin de vous dire que Gênes était en fête. Ce débarquement, attendu depuis quelques jours, avait attiré une foule énorme, accourue de tous les points du Piémont et même des États limitrophes. On voulait être certain que les Français avaient débarqué. Les quais de cette grande ville de Gênes qui s'étend au fond d'un golfe en forme de fer à cheval, avec ses étages de maisons et de palais, présentaient un spectacle grandiose. Ces quais étaient encombrés. Sur toutes les terrasses des palais qui bordent la mer, des femmes, la tête couverte de ce grand voile blanc qu'on appelle le *pezzotto* et qui, attaché à la nuque, les enveloppe en tombant jusqu'aux pieds, agitaient leurs mouchoirs et jetaient des bouquets. Des centaines de barques s'élançaient du port pour aller au-devant des frégates, et chaque barque, en passant près de nos vaisseaux, faisait pleuvoir sur nos soldats des tourbillons de fleurs. C'était de la joie, de l'enthousiasme, du délire. A chaque cri parti des barques ou des quais, les soldats répondaient par le cri : Vive l'Italie! et femmes, enfants, hommes faits, vieillards, applaudissaient ou levaient les mains au ciel, comme des naufragés qui, se croyant perdus, voient venir l'embarcation qui va les sauver de la mort. Quand la première frégate entra dans le port, ce fut une explosion immense, un vivat universel : l'Italie se sentait délivrée!

Si jamais enthousiasme fut vrai, palpitant, pathétique, c'est celui-là; la population tout entière versait des larmes. « Ah! sainte Vierge! disait une vieille femme placée auprès de moi, les voilà donc arrivés! » et elle pleurait abondamment, et tous les gens que je voyais autour de moi, hommes ou femmes, pleuraient aussi en poussant le cri : Vive la France! vivent les soldats français! Pendant tout le temps que dura le débarquement, les hourras continuèrent, et les premiers soldats qui touchèrent le rivage furent littéralement étouffés dans des embrassements. Quand le premier drapeau passa de l'*Algésiras* sur l'embarcation, tous les chapeaux se levèrent, et Gênes entière, par un mouvement spontané, s'inclina devant le drapeau français comme devant le *labarum* de l'Italie.

Aujourd'hui Gênes a plutôt l'air d'une ville française que d'une ville italienne. L'uniforme français est dans toutes les rues, sur toutes les places. Quinze régiments de ligne sont déjà arrivés, sans compter les zouaves et les turcos. Ceux-ci, avec leur teint basané, leur allure étrange, sont les lions du moment. Ils ne sont pas logés en ville comme les autres troupes, mais dans un camp aux portes de Gênes, dans la vallée de Polcevera.

C'est le soir surtout que Gênes a un aspect singulier. A voir les militaires se promenant bras dessus, bras dessous, avec les citoyens, on ne dirait guère que l'on est dans une ville toute commerçante. A huit heures, cinquante tambours et cinquante clairons se réunissent sur la place du Palais-Ducal et la retraite résonne. Toute la population génoise emboîte le pas derrière nos tambours, qui, voyant leur succès, font des roulements d'une verve entraînante. Les chants italiens se mêlent aux refrains français ; les cris Vive l'Italie! à ceux de Vive la France! et de cette cacophonie d'airs et de dialectes il résulte une harmonie guerrière, enthousiaste, une harmonie de cœurs qui exhale la poudre et présage la victoire.

Ce qui est remarquable ici, c'est le patriotisme de la population. Tout le monde a la même pensée et le même but, et, pour arriver à ce but, il n'est personne qui ne soit prêt aux plus grands sacrifices. Les enrôlés volontaires, composés en grande partie de jeunes gens des meilleures familles de l'Italie, font l'exercice depuis le matin jusqu'au soir, par la pluie ou le soleil, avec une volonté opiniâtre, et ils manœuvrent déjà comme des vétérans. Des officiers français qui ont assisté aux manœuvres des volontaires m'ont dit qu'on pouvait marcher sans crainte avec de pareils alliés. Les troupes sardes sont pleines d'ardeur et veulent réparer à tout prix l'échec de Novare. Il faut avoir vu de ses yeux cet entraînement de tout un peuple pour être bien convaincu que le premier besoin de l'Italie est l'indépendance.

Vous savez que la Toscane a fait sa révolution, révolution pacifique qui n'a pas coûté une seule goutte de sang. Dans cette armée du grand-duc formée par l'Autriche, il ne s'est pas rencontré un soldat qui se soit déclaré en faveur du prince, et la Toscane, au lieu de perdre son temps à former un gouvernement provisoire, a réclamé le gouvernement dictatorial de Victor-Emmanuel. C'est là un fait immense pour l'Italie. C'est la première fois, en effet, que l'Italie est représentée par un centre national, fort, reconnu par toute la nation italienne.

On a reçu ici ce matin la nouvelle que quatre mille des citoyens les plus recommandables de Plaisance venaient de signer une adhésion à la politique du roi Victor-Emmanuel; et remarquez que cette adhésion a été signée sous le canon de la forteresse autrichienne.

J'ai été ce matin à Alexandrie; tout est prêt. L'armée sarde attend impatiemment le moment de l'action. On coupait les arbres tout autour de la forteresse pour pouvoir pointer les canons.

Gênes, 30 avril.

Nous avons vu arriver hier les premiers détachements de la garde impériale. Le 1er régiment des zouaves de la garde a fait, vers sept heures du soir, son entrée, musique en tête, baïonnette au bout du fusil, au pas accéléré, avec accompagnement de clairons et de tambours; il ne manquait que les canons et la mèche allumée. Ce matin à dix heures débarquait aussi un régiment de grenadiers de la garde, et la population génoise, blasée sur le turban blanc des zouaves et des turcos, témoignait par des vivat prolongés et par une pantomime expressive l'admiration que lui causaient l'aspect des hauts bonnets à poil et la tenue martiale de ces vétérans qui portent presque tous suspendue sur la poitrine la médaille de Crimée. Les turcos, pour fêter la venue de leurs camarades, s'étaient mis en frais; ils avaient littéralement acheté toutes les oranges que vendent sur les quais les marchands ambulants, puis ils les avaient artistement placées en tas comme on fait les boulets de canon dans les arsenaux. Quand le débarquement commença, la première barque qui toucha terre fut aussitôt criblée de ces projectiles jaunes, qui tombaient de ci, de là, dans l'eau et sur les soldats arrivants. Ceux-ci, un peu étonnés au premier moment de ce bombardement, virent bientôt de quoi il s'agissait, et, pêchant les pommes d'or ballottées par les flots, ils ne tardèrent pas à dévorer ces obus rafraîchissants.

Il faut vous dire que la vente des oranges s'est élevée ici à la hauteur d'une question. Les premières troupes qui débarquèrent, voyant dans toutes les rues, sur toutes les places, des oranges énormes, demandèrent par curiosité combien on les faisait payer. Les marchands et les marchandes, alléchés par l'appât du gain, spéculèrent sur l'ignorance naïve de nos soldats, et leur répondirent que chaque orange valait un sou. Les soldats, ravis du bon marché en achetèrent des masses, et non contents d'en acheter, proclamèrent partout que Gênes était une ville bénie du ciel, un pays de cocagne, puisqu'on donnait pour un sou une orange qui coûte 50 centimes à Paris. Cependant le syndic de Gênes (le maire), ayant eu connaissance du goût prononcé de nos troupiers pour les oranges, et des bénédictions qu'ils répandaient sur la tête des marchands, se hâta de rédiger une proclamation dans laquelle, faisant appel au patriotisme des débitants, il les engageait à ne plus spéculer désormais sur l'inexpérience de nos soldats. Le fait est que ceux-ci avaient été indignement volés, et qu'on leur avait donné pour un sou ce qui vaut à peine un centime à Gênes et sur presque tout le littoral méditerranéen. Les soldats, apprenant qu'ils avaient été *refaits*, prirent leur revanche, et ils exigèrent quatre oranges pour un sou, au lieu de trois qu'on donne habituellement.

Au moment où je vous écris, le port présente un spectacle superbe : quatorze navires de guerre sont à l'ancre, déployant au haut de leurs mâts le pavillon français. Il y avait longtemps que Gênes n'avait vu une pareille flotte. Deux autres navires sont en vue, à quatre ou cinq lieues en mer. On dit qu'ils amènent des régiments de la garde impériale. Des canots montés par des habitants de Gênes se préparent à aller à leur rencontre. Je remarque aussi une grande activité sur les quais du port ; je vois passer des mulets et des chariots chargés de malles, de bagages, escortés par des soldats français et se dirigeant vers la porte San Pier d'Arena. On m'apprend que deux brigades vont partir dans une heure pour Alexandrie. Ce n'est que ce matin qu'on a su officiellement que les Autrichiens avaient franchi le Tessin musique en tête. La dépêche télégraphique publiée par le *Corriere mercantile* dit en propres termes : « *I regimenti austriaci entrarono colla musica à la testa,* e in genere avvinazzati (et en général un peu avinés). » On s'attend ici à entendre gronder le canon demain ou après-demain au plus tard du côté d'Alexandrie. L'enthousiasme est à son comble. Dans toutes les rues, le seul cri qui retentisse est celui-ci : *E viva la guerra !*

A part les marchandes d'oranges, en qui la spéculation a un peu étouffé le patriotisme, toute la population génoise a accueilli les Français comme des frères. Les dames de l'aristocratie ont mis leurs loges à la disposition de nos officiers ; et avant-hier, les premier et second rangs du théâtre Carlo Felice étaient occupés par des uniformes. Tous les palais de Gênes, et vous savez s'ils sont nombreux, se sont ouverts devant nos généraux et nos officiers supérieurs. Le maréchal Baraguey d'Hilliers est logé au palais royal, le général Bazaine au palais Doria, le général Forey au palais Durazzo, et c'est un curieux spectacle, ce spectacle de soldats assis dans ces vestibules de marbre, aux colonnes de marbre, ou accoudés sur des balcons de marbre. La strada Balbi et la via Nuova présentent un assemblage unique des plus somptueuses masses de palais aussi recommandables par la beauté de l'art que par la beauté de la matière. Là, tout est en marbre; les cariatides, les mascarons, les balcons, les colonnes, les soubassements, les corniches, et, à l'intérieur, les escaliers et les murailles. Tous ces palais semblent avoir été taillés dans un gigantesque bloc de marbre, et ils sont en si grand nombre, non-seulement dans la via Balbi, la via Nuova et la via Nuovissima, mais dans toutes les rues, que quiconque passe à Gênes est bien déshérité du ciel s'il ne trouve un pauvre petit palais de marbre pour abriter sa tête; moi qui vous écris, je suis logé dans l'ancien palais Grimaldi, que les nécessités de la vie moderne ont transformé en un hôtel meublé. Ma chambre est pavée en marbre blanc, et j'y arrive par un escalier de marbre noir, après avoir traversé un vestibule soutenu par huit colonnes de marbre d'un seul bloc, et n'allez pas croire que je sois privilégié; pour deux francs cinquante centimes dans les temps ordinaires, et pour cinq francs par jour à cette heure où Gênes est encombrée d'étrangers, tout le monde peut se donner les élégances de ce luxe marmoréen. A la guerre comme à la guerre, *e viva la guerra!*

Je dois ajouter, il est vrai, qu'il faut payer ce luxe par une grande vigueur de jarret. A Gênes, les plus petits palais ont dix étages, ni plus ni moins. Chaque palais voulant avoir le spectacle de la mer, passe la tête par-dessus l'épaule de son voisin. Un palais du haut duquel on n'apercevrait pas la mer serait déshonoré. Ce goût des Génois pour le spectacle des vaisseaux sillonnant leur golfe bleu a fait qu'ils ont adopté les étages supérieurs et qu'ils demeurent tous (je parle des gens riches) dans des contrées aériennes qu'on ne traverse ordinairement qu'en ballon. L'étage supérieur est l'étage noble : *piano nobile*. Pour ma part, je dois être fort reconnaissant de l'honneur que l'on m'a fait en me logeant à un étage d'honneur (au huitième, sans exagération). De ma fenêtre de marbre, je contemple le port, les tours, les phares, la citadelle; je vois éparpillées au milieu des bois de myrtes et d'orangers les opulentes villas génoises, qui sont la ceinture de marbre de ces côtes méditerranéennes; mais je ne peux jouir de cette vue splendide qu'au prix d'une escalade de 162 marches, et quand, par hasard, je m'aperçois, après avoir descendu l'escalier, que j'ai oublié sur ma table une lettre pressée, ne vous étonnez pas trop si j'aspire aux bourgeoises douceurs d'un entre-sol.

Les deux brigades dont je vous parlais tout à l'heure se dirigent tambour battant vers la gare du chemin de fer. Dans trois heures, elles seront arrivées au quartier général de l'armée sarde, à Alexandrie.

Gênes, 1er mai.

Des troupes nouvelles venant de Toulon ont débarqué hier au soir, et en ce moment (11 heures du matin) quatre frégates à vapeur, transportant deux régiments de la garde, deux batteries d'artillerie avec chevaux, canons, matériel de guerre, viennent d'entrer dans le port. Deux autres frégates sont en vue. Le débarquement des chevaux commence ; un débarquement long et difficile, surtout par le temps qu'il fait, — un temps affreux, une pluie torrentielle et un vent venant du large qui doit être le cousin très-germain du mistral marseillais. Hommes et chevaux ont dû beaucoup souffrir de la traversée. Chaque cheval est soulevé à l'aide de sous-ventrières, hissé par-dessus bord et descendu sur un bateau plat. Le débarquement durera probablement pendant toute la journée, d'autant plus que de nouvelles frégates, doivent, assure-t-on, arriver d'un moment à l'autre et en assez grand nombre.

Nous n'avons ici guère plus de nouvelles que vous ne pouvez en avoir à Paris. Les dépêches télégraphiques particulières ont la plus grande peine à passer, et une affiche placardée ce matin sur les murs annonce que la circulation du chemin de fer de Gênes à Alexandrie, à Novi, à Turin, est provisoirement suspendue. Beaucoup de gens avaient pris hier la résolution d'aller à Alexandrie ce matin, parce qu'on avait parlé de la possibilité d'un engagement très-prochain; mais personne n'a pu quitter Gênes, les wagons ayant été exclusivement réservés au transport des troupes. Nous sommes donc momentanément bloqués. Cependant on espère que demain ou après-demain au plus tard, un train exprès pourra partir pour Alexandrie et pour Turin. Si la circulation est rétablie, ce sera de Turin que je daterai ma prochaine lettre.

Hier matin, j'ai été visiter le camp des turcos, dont je vous ai déjà dit un mot dans ma première lettre. Il est installé dans une de ces jolies vallées génoises qui semblent un reflet du paradis terrestre, dans la vallée de Polcevera. Cette vallée, à laquelle on arrive après avoir traversé le faubourg de San Pier d'Arena, qui a quelques palais non moins splendides que les palais de Gênes, est encaissée entre quatre collines chargées d'orangers, de citronniers, de grenadiers, et hérissées d'aloès et de cactus. Cette végétation africaine pourrait faire illusion à ces fils brunis de l'Atlas si les riches et élégantes villas qui dominent les coteaux, et dont les tons bariolés se détachent vigoureusement sur le vert sombre de la végétation, ne leur rappelaient qu'ils sont loin de la terre natale. Un grand tapis de verdure longe la colline occidentale, et rien n'empêchait les turcos de planter leurs tentes sur ce gazon moelleux parsemé de jolies fleurs bleues et roses dont le nom m'est inconnu ; mais les turcos ne sont pas des sybarites, et ils ont préféré se coucher dans le lit d'un torrent qui côtoie la vallée. Je me hâte de vous dire que ce torrent est, il est vrai, pour le quart d'heure, le plus hydrophobe des torrents d'Italie.

Les turcos sont un très-beau spécimen de la race arabe. Quelques officiers indigènes surtout ont, malgré le noir de leur peau, des traits d'une finesse et d'une régularité remarquables. Le turban blanc encadre admirablement ces têtes énergiques, et ils portent avec une aisance et une grâce sans pareilles la large veste et le pantalon bouffant fortement serré au-dessus des hanches. Il y a dans tous leurs mouvements excessivement rapides une élasticité qui tient plutôt de la race féline que de la race humaine. Dans les fantasias auxquelles ils se livrent pour tempérer les ennuis de l'inaction, on croirait voir, en suivant les ondulations de ces corps qui s'allongent et se rapetissent à volonté, bondir des centaines de tigres. Presque tous parlent le français avec un accent guttural et traînant qui n'est pas sans une certaine douceur. Du reste, vous pourrez voir très-incessamment dans *l'Illustration* un dessin dont j'ai vu faire le croquis et qui reproduit très-exactement la vallée de Polcevera, le camp, et les figures si étrangement accentuées des turcos. J'ai rencontré au camp M. Paulin fils à la tête de ses dessinateurs, et fort embarrassé, je dois le dire, par suite de l'obsession de messieurs les turcos qui voulaient tous se faire dessiner pour envoyer leurs portraits en Afrique.

Cette nuit, un bataillon de turcos a levé le camp et est parti pour Pontedecimo. Les autres bataillons partiront ce soir ou demain. Après l'Aqua Sola, ce magnifique promenoir de Gênes, la route qui mène au camp des turcos a été pendant cinq jours la promenade la plus fréquentée.

En attendant qu'ils partent, et cela ne peut tarder, les zouaves donnent des représentations extraordinaires un peu partout et gratis. Hier, au café du Corso, un zouave, entouré d'une centaine de personnes, racontait, avec un accent impossible et des gestes intraduisibles, la lamentable histoire du baron Dindonzell, feld-maréchal autrichien. Vous devez bien comprendre que c'est l'Autriche qui paye aujourd'hui tous les frais de la gaieté soldatesque. Notre zouave donc, beau parleur et homme d'imagination, racontait, au milieu des éclats de rire de son auditoire italien, que le baron Dindonzell, feld-maréchal, chargé par son gouvernement de conquérir l'Arabie, avait été pris par les indigènes, et que ceux-ci, sans respect pour sa haute position militaire, l'avaient forcé de couver des œufs de dindon. Dindonzell, ayant d'abord refusé cette mission délicate, reçut tant de coups de bâton qu'il vainquit ses scrupules et consentit à l'accepter. On lui donna vingt-cinq œufs, dont il fit une omelette. Les Arabes ne s'étonnèrent pas trop de la maladresse du feld-maréchal au service d'Autriche ; ils lui appliquèrent cinquante coups de bâton, deux par œuf cassé (car les Arabes sont justes, ajoutait le zouave), et Dindonzell, ayant reçu de nouveaux œufs, les couva enfin avec beaucoup de dextérité, et voilà, disait en terminant le narrateur, comment le baron Dindonzell, qui ne fut jamais marié, eut cependant une innombrable postérité.

Le zouave enfila ensuite un chapelet d'histoires qui n'eurent pas moins de succès que la première. Chaque phrase de l'orateur était interrompue par des éclats de rire et des applaudissements à tout rompre. Quand on sait combien est vif le goût du populaire italien pour la farce et le grotesque, il n'y a pas à s'étonner si les zouaves sont si goûtés et si courus en ce moment dans la sérénissime cité de Gênes.

J'ai été témoin, hier au soir, d'une manifestation patriotique au théâtre Carlo Felice. Le premier rang des loges et l'orchestre étaient occupés à peu près exclusivement par les officiers français. A la suite d'un ballet, la toile se releva aussitôt, et l'on vit une fort belle décoration représentant la via Balbi, cette rue où sont réunis les plus beaux palais de Gênes, ces chefs-d'œuvre de l'architecture du xvi$^e$ siècle, construits par le grand artiste Galeazzo Alessi. Au milieu de la scène se dressait une colonne autour de laquelle s'enroulaient comme une guirlande humaine les danseuses, tenant d'une main le drapeau piémontais et de l'autre le drapeau aux couleurs françaises. A cette vue, loges, orchestre, parterre, paradis, éclatèrent en vivat frénétiques. Les cris : Vive la France! vive l'Italie! vive la guerre nationale! retentirent dans toute la salle à plusieurs reprises, et, la toile s'étant baissée, il fallut qu'elle se relevât pour donner une libre carrière à l'enthousiasme du public.

Gênes, 2 mai.

Depuis hier, les troupes accumulées dans Gênes partent régiment après régiment vers le quartier général, les uns par le chemin de fer, les autres par la route ordinaire. Vous ne sauriez vous faire une idée de l'aspect que présente cette route au moment où je vous écris. Les soldats, le sac au dos et chargés de vivres pour huit jours, marchent au son du tambour, et derrière eux se pressent sur un espace de quelques kilomètres des fourgons, des voitures, des centaines de mulets portant les lits, les tentes, les sacs de farine, puis des charrettes chargées de provisions, puis les caissons d'artillerie, les canons, et une foule immense suivant toute cette foule armée, et après ces régiments, ces caissons, ces mulets, ces charrettes, d'autres régiments, d'autres caissons, d'autres charrettes, d'autres mulets. Toutes les heures, la musique militaire, traversant la via Nuova, entraîne à sa suite des bataillons qui font place à d'autres bataillons ; car pendant que ce grand mouvement d'hommes et de chevaux se fait vers la gare du chemin de fer et la porte San Pier d'Arena, les vaisseaux arrivant de Toulon ne cessent de jeter sur les quais des masses de soldats et de munitions. C'est une activité, un va-et-vient, un roulement de choses, un bourdonnement de voix à donner le vertige.

Les soldats français sont vraiment admirables ! Dans les premiers jours, on les a logés dans les casernes, chez le particulier, dans les palais, même dans certaines églises ; mais la ville regorgeant de soldats, il a fallu établir un camp sur les hauteurs, et c'est dans ce camp qu'étaient installés les chasseurs de Vincennes, quelques bataillons de la garde et des régiments de ligne. Or, dans ces deux derniers jours, la pluie n'a pas cessé de verser ses torrents sur ces infortunés troupiers, qui n'en sont pas moins gaillardement partis ce matin en chantant, comme s'ils avaient passé la nuit sur des lits de plume. Et voyant la belle humeur de ces soldats trempés jusqu'aux os, la population génoise a battu des mains et les a accompagnés à une demi-lieue au delà de la ville en répétant le cri ordinaire : Vive la France! vive l'Italie!

Pendant que les troupes quittent la ville et que de nouvelles troupes y arrivent, la musique piémontaise joue des airs patriotiques sur la terrasse de l'Aqua Sola. Si vous voulez entendre la *Marseillaise*, accourez ici ; mais quelle *Marseillaise*, bon Dieu! une *Marseillaise* sautée à l'italienne et relevée par des fioritures qui métamorphosent cet air énergique en une aimable contredanse, une véritable *Marseillaise* à l'usage des pensionnats de demoiselles. C'est doux, c'est galant, c'est charmant, et il y a de la gentillezza jusque dans le refrain de cet hymne entraînant, de ce rugissement guerrier dont les grenadiers républicains disaient qu'il avait des moustaches.

Alexandrie, 3 mai.

J'en étais là de cette lettre, lorsqu'on vint me prévenir qu'un train de voyageurs allait partir pour Alexandrie. Le bruit courait depuis le matin dans Gênes que les Autrichiens, venant de Verceil, s'étaient approchés de Casale, petite ville située entre Alexandrie et San Salvador, quartier général du roi Victor-Emmanuel. Je courus au chemin de fer, et à deux heures je quittais Gênes.

Le chemin de fer longe, depuis Gênes jusqu'à Novi, la route des piétons et des voitures, et je vis successivement répandues, sur un espace de dix lieues, nos troupes en marche : des turcos, des zouaves, des régiments de ligne, de l'artillerie, des sapeurs du génie, des tirailleurs d'Afrique, tous le sac au dos et l'arme à volonté. Total, trente et quelques mille hommes, d'après ce que m'a affirmé un chef d'escadron d'état-major qui se trouvait dans mon compartiment : la division Forey, la division Espinasse et la division Bazaine. Sur le parcours, les enfants se relayaient de village en village pour aider les soldats à porter leurs sacs et leurs fusils. A Novi, d'où l'on aperçoit le champ de bataille où fut tué le général républicain Joubert, nous rencontrons quatre ou cinq mille soldats de l'armée piémontaise qui ne semblent pas animés d'une ardeur moindre que celle de nos troupes. Ces masses énormes se dirigent de tous les côtés vers le quartier général.

En descendant du chemin de fer, à Alexandrie, nous voyons défiler deux batteries d'artillerie française arrivant de Turin, et nous traversons un camp de quinze mille Piémontais établi devant l'embarcadère; sur la piazza Vecchia, un autre camp de douze mille Français environ; puis, sur la piazza Nuova, d'autres tentes, d'autres soldats, sans compter les bataillons campés dans les casernes, dans les forteresses, dans les maisons et jusque dans les églises. La population civile d'Alexandrie est noyée dans la population militaire. L'uniforme inonde les rues et les places. Ce n'est plus une ville, c'est un camp, et nulle description ne pourrait vous donner une idée de l'étrange aspect que présente en ce moment cette immense caserne où sont entassés tant de soldats de toutes armes, tant de chevaux et tant de munitions.

Alexandrie, placée entre le confluent de la Bormida et du Tanaro, est citée comme une des plus fortes places de guerre de l'Italie, tant par sa vaste citadelle et les ouvrages avancés qui l'entourent que par ses travaux intérieurs, dont le plus remarquable est l'éclusement du Tanaro, qui permet d'inonder subitement la plaine et de défendre l'approche de la place. Tout est prêt pour recevoir l'ennemi s'il se présente : les gabions sont sur les glacis, tous les canons passent leur gueule monstrueuse par les ouvertures des remparts à fleur de terre ; des forêts d'arbres ont été coupées à une lieue à la ronde, et ces arbres, rejetés sur les routes, ont été placés, en chevaux de frise, comme autant d'obstacles pour embarrasser la marche de l'ennemi. Aujourd'hui une pointe de l'armée autrichienne sur Alexandrie serait impossible ; l'Autriche a laissé passer l'heure favorable de l'attaque.

Le bruit qui s'était répandu à Gênes dans la matinée était faux : les Autrichiens sont encore à dix-sept milles d'Alexandrie, à Verceil, où ils sont entrés sans qu'on leur opposât de résistance. A l'heure où je vous écris, ils sont occupés à jeter des ponts sur la Sésia. Le général Giulay a publié une proclamation au Piémont dans laquelle il annonce qu'il vient délivrer les États sardes d'un parti subversif, et leur rendre la liberté. Cette proclamation, comme vous le pensez bien, a été accueillie dans toute l'Italie par un immense éclat de rire ; mais ce qu'il y a de plus curieux, c'est qu'au moment où Giulay lançait sa proclamation libératrice, il exigeait, en violant le territoire piémontais, deux cent mille rations pour ses troupes, et frappait le pays envahi d'une énorme contribution de guerre, toujours comme preuve à l'appui du vif désir qui l'anime de rendre la liberté aux Piémontais.

Ce matin, de très-bonne heure, j'ai été visiter le champ de bataille de Marengo, qui n'est qu'à une petite demi-lieue d'Alexandrie. On a élevé au centre de cette vaste plaine une grande maison d'une architecture plus que médiocre, et dont on a fait un musée des objets recueillis après cette mémorable journée. Sur la façade se détachent, peints à la fresque, les portraits de Kellermann, Lannes, Bessières et Berthier. La statue en marbre du premier Consul se dresse au milieu de la cour. En faisant quelques pas vers la droite on arrive au tombeau de Desaix, sur lequel sont entassés des tibias, des crânes, des fragments humains ; un gigantesque ossuaire. Pour le moment, le musée est vide : les objets qu'il renfermait viennent d'être transportés à Alexandrie.

Dans le trajet d'Alexandrie à Marengo, on rencontre, échelonnés de distance en distance, des bivouacs de quatre à cinq soldats et des sentinelles avancées. J'ai aperçu aussi dans le lointain, sur la rive gauche de la Bormida, où furent noyés tant d'Autrichiens à la bataille de Marengo, des avant-postes de cavalerie piémontaise. Depuis quelques jours déjà on attend l'ennemi à toute heure, et je puis même vous certifier, d'après tout ce que je vois et tout ce que j'entends, qu'on l'attend avec une véritable impatience.

En rentrant à Alexandrie, j'ai vu, arrivant de Turin, le maréchal Canrobert. Le syndic et le commissaire extraordinaire royal étaient venus l'attendre au débarcadère. Le maréchal a été conduit au palais royal d'Alexandrie, où il est installé. On annonce pour ce soir l'arrivée d'un grand nombre de troupes venant de Gênes et de Turin.

Gênes, 4 mai.

On avait fait courir quelques vilains bruits sur l'aristocratie génoise : on l'accusait d'être antipatriote et de voir avec une peine secrète l'invasion protectrice de l'armée française en Piémont. Quelques nobles de Gênes partagent en effet les sentiments exprimés à la tribune par MM. Della Margaritta et Costa de Beauregard ; ils verraient avec plaisir l'indépendance italienne fortement assise, mais l'indépendance leur sourirait plus si la révolution les effrayait moins. Cependant l'aristocratie a voulu dissiper ces préventions défavorables ; elle a offert, comme je vous l'ai dit, ses palais à nos généraux et à nos officiers supérieurs ; elle s'est placée sur ses balcons, applaudissant au défilé des troupes ; l'épée sortie du fourreau, elle a fait comme feront chez nous les partis qui reculaient devant une solution par les armes, elle s'est ralliée au drapeau national, et elle est prête à tous les sacrifices pour l'expulsion de l'étranger.

C'est une tradition parmi les familles nobles génoises d'ouvrir leurs palais aux étrangers de toutes les nations qui demandent à les visiter. Ces maisons particulières deviennent ainsi des musées publics, et l'hospitalité sous ce rapport est poussée si loin que, pendant quatre ou cinq heures de la journée, les propriétaires de ces somptueuses demeures se retirent dans une seule pièce, abandonnant les autres aux visiteurs.

Ces jours derniers, les patriciens de la via Nuova, de la via Balbi et de la via Nuovissima ont fait mieux encore : ils ont fait savoir que tout militaire, officier ou soldat, qui se présenterait à la grille d'un palais serait immédiatement introduit, et nos soldats, très-flâneurs quand ils n'ont rien de mieux à faire, ont largement profité de la permission. En montant le superbe escalier du palais Durazzo, j'entendais un grenadier dire à son camarade : « Quel drôle de pays! du marbre partout; c'est beau ; mais on n'est jamais bien sûr de ne pas se casser le nez. » Et j'ajouterai que, sur ces grandes dalles noires et blanches, nos troupiers n'ont pas en effet le pied marin.

Puisque les Autrichiens ne se décident pas encore à franchir le Pô, et que je n'ai rien à vous dire de mieux pour le moment, permettez-moi de vous parler de ces splendides habitations que j'ai visitées en détail depuis dix jours que je suis à Gênes.

La plupart de ces palais sont l'œuvre d'un artiste de Pérouse, Galeazzo Alessi, qui fut pour Gênes ce que Bramante et San Gallo avaient été pour Rome, Buontalenti pour Florence, Palladio pour Venise, c'est-à-dire le modèle sur lequel se réglèrent les autres architectes. Il ne resta à Gênes qu'une quinzaine d'années, mais dans ce court espace il exécuta un si grand nombre d'œuvres magnifiques, qu'elles firent donner à Gênes le titre bien mérité de superbe.

Tout le passé de Gênes palpite dans ces marbres étagés les uns sur les autres, et dominés par des terrasses, vrais jardins suspendus, plantés d'orangers, de grenadiers, de citronniers, et arrosés par des bassins qui vomissent l'eau par la trompe des Tritons ou par la bouche des Néréides et des déesses. Ces palais, qui s'étendent sur toute la longueur des trois plus grandes rues de la ville, sont un éclatant témoignage des fabuleuses richesses de cette oligarchie marchande dont les vaisseaux couvraient les mers. C'est cette aristocratie commerçante qui a bâti

Gênes de marbre et d'or; c'est elle qui lui a donné à peu près tous ses monuments. C'est à un des Lomellini, souverain de l'île de Tabarca, que Gênes doit cette magnifique église, l'*Annunziata*, qui semble, tant elle éclate de dorures, de fresques, de marbres roses, le vestibule d'un paradis païen. L'église Saint-Ambroise, tout incrustée de marbres de couleur, est due à la magnificence d'un Pallavicini. N'est-ce pas aussi un Doria qui a fait bâtir l'église de Saint-Matthieu, et un Sauli qui a donné à Gênes Sainte-Marie de Carignan? Quel vif sentiment de l'art avaient ces négociants d'autrefois, et comme ils savaient se faire pardonner leurs colossales richesses! Ils se bâtissaient des palais pour eux et leurs familles, mais ils en faisaient aussi construire pour le peuple, car les palais de Dieu, au moyen âge surtout, étaient aussi les palais du peuple.

Laissez-moi vous conduire dans une de ces habitations génoises, non dans la plus belle ni la plus riche, non chez le comte de Brignole ni chez le marquis Durazzo, mais dans un palais ordinaire, un de ces palais que l'on nomme ici un *palazetto*.

Nous arrivons par dix marches au vestibule, soutenu par dix colonnes de marbre blanc; des fresques de Valerio Castello et de Dominique Piola égayent le plafond de nymphes et de sarabandes amoureuses ; un vaste escalier de marbre nous mène à un deuxième étage, et je remarque qu'il serait très-facile de construire tout un appartement parisien sur le palier de chaque étage. Dans le premier salon, tapissé de ces vieilles étoffes de soie qu'on ne rencontre plus nulle part ailleurs, des aiguières splendides, des coffrets ciselés par Benvenuto, des mosaïques anciennes et des émaux merveilleux.

La voûte et les parois de ce premier salon sont peintes à fresque. Au milieu de la voûte l'artiste a représenté le Temps sur un char traîné par les quatre âges de l'homme. Quatre tableaux seulement, dont un de Van Dyck, et six bustes en marbre, dont trois de Santo Verni, et un du célèbre maître Bartoloni. Dans le second salon, la voûte représente le triomphe d'Hercule, encadré dans une bordure à l'huile, où courent des nymphes et des Tritons ; quinze tableaux couvrent les murs : l'on remarque trois Titiens, un Annibal Carrache, un Van Dick et un chef-d'œuvre de Michel-Ange, le *Christ au jardin des Oliviers*. Dans le troisième salon, un superbe Philippe II d'Espagne à cheval, peint par Van Dyck, un tableau de Tintoret, un dessus de porte de Martin de Voss, et un portrait de famille, peint par Van Dyck.

Le quatrième salon, sans compter des coffrets

des mosaïques, des vases en agate, des tables en lapis, nous offre des tableaux de Caravage, de Guido Reni ; le cinquième, une splendide *Cléopatre* du Guerchin, un portrait par Rubens, et une très-originale *Tentation de saint Antoine,* par Breugel ; je ne cite que les chefs-d'œuvre, bien entendu. Après avoir traversé ces cinq vastes salons, on arrive à la galerie qui est le bouquet de ce prodigieux feu d'artifice. Là apparaissent les toiles de choix, les panneaux sans prix, les statues de la Renaissance, les bronzes antiques; quarante tableaux des premiers maîtres de l'art italien et de l'école flamande : l'Albane, Paul Véronèse, Garofalo, Rubens, Titien, Guido Reni, Tintoret, Van Dyck, Emeling ; des trésors entassés siècle par siècle, et que l'or de M. de Rothschild ne payerait pas, car toutes ces harmonieuses magnificences sont l'œuvre du temps. Chaque jour, depuis quatre cents ans, a apporté son lot, et il a fallu la fortune, le goût, les recherches de six générations pour constituer jour par jour, heure par heure, ce merveilleux ensemble d'objets précieux et d'œuvres d'art.

Et c'est ainsi qu'ils vivent dans la familiarité des plus grands maîtres, au milieu des plus belles choses qui soient jamais sorties de la main de l'homme, les heureux propriétaires de ces palais ! Ne vous étonnez donc pas s'ils sont un peu troublés par l'orage qui se forme à l'horizon et dont ils entendent déjà les éclats rapprochés. Leur seul tort, c'est d'être solidement assis au milieu d'une société qui oscille sur elle-même et qui cherche un nouveau point d'appui. Fasse Dieu que les nobles de Gênes, de Florence, de Naples, de Rome, conservent longtemps encore la tradition des belles choses et le culte de l'art, pour que leurs précieuses collections ne se dispersent pas aux quatre vents et que tout ce qui est encore la gloire du passé italien n'émigre pas en Angleterre !

Rien de nouveau depuis hier ; une dépêche télégraphique d'Alexandrie annonce seulement un mouvement plus rapproché des troupes autrichiennes.

La garde impériale est concentrée à Gênes. Presque toutes les autres troupes sont parties. Cette concentration de la garde impériale fait croire que c'est par Gênes que l'Empereur entrera en Italie. On l'attend ici d'un jour à l'autre, et on lui prépare une grande réception.

Gênes, 6 mai.

Il se passe ici un fait assez extraordinaire pour que je m'empresse de le signaler. Je crois vous avoir dit qu'un vaisseau anglais de quatre-vingt-dix canons s'était présenté devant Gênes il y a trois jours. Ce vaisseau, au lieu d'aller se ranger à la place assignée aux vaisseaux de guerre, a été mouiller tout à fait à l'entrée du port, au-dessous de la passe, et dans une position telle qu'il semble menacer toute la marine marchande sans être exposé aux canons des forts, dont le feu ne saurait l'atteindre.

Il est bien évident que ce gros navire ne peut avoir de mauvaises intentions, dans un moment surtout où nos vaisseaux venant de Toulon entrent dans le port de Gênes et en sortent matin et soir. Cependant, comme le règlement a fixé la place assignée aux navires de guerre étrangers, l'amiral piémontais qui commande à Gênes a fait au capitaine du vaisseau anglais des représentations amicales, et l'a prié très-poliment d'abandonner son mouillage antiréglementaire. Le capitaine a répondu très-poliment de son côté qu'il s'empresserait d'obtempérer aux observations de l'amiral. Mais le fait est qu'il n'a pas bougé, et que le vaisseau occupe toujours la même place. Les Génois sont furieux. J'ajouterai que quelques personnes, qui avaient demandé au capitaine l'autorisation de visiter son navire, ont été très-carrément éconduites. Nul n'a pu être admis à son bord.

Cette conduite de l'équipage anglais est d'autant plus remarquée que nos navires, qui viennent ici comme alliés et comme libérateurs, se sont strictement conformés à la règle du port. Ce n'est là, je le crois, qu'une très-petite affaire. Le commandant du vaisseau anglais est peut-être un de ces nombreux loups de mer britanniques qui sont fermement convaincus que l'Angleterre est chez elle partout où il y a de l'eau salée. Cependant, il pourrait se faire aussi que ce fût un indice des dispositions, sinon hostiles, du moins peu bienveillantes de nos anciens alliés d'Inkermann et de Sébastopol.

Quoi qu'il en soit, les marins du vaisseau anglais sont assez mal vus de la population, et un fait qui s'est passé hier au soir vous prouvera qu'on leur garde rancune. Les officiers du navire britannique avaient retenu une loge au théâtre Carlo-Felice; l'opéra terminé, ils se dirigent vers le port, et, leurs canots n'étant pas arrivés, ils demandent à des bateliers génois de les conduire à leur bord. Ceux-ci refusent. Les officiers, croyant qu'il s'agit tout simplement d'une spéculation, offrent un prix double. *Ne con argento, ne con oro*, répondent les bateliers, et les officiers furent obligés d'attendre que leurs canots fussent arrivés.

Le grand mouvement de troupes entre Toulon et Gênes a cessé depuis deux jours; 65 000 Français ont débarqué à Gênes, et l'on porte à 35 000 le nombre des soldats qui sont entrés en Piémont par Suse. Nous attendons d'un moment à l'autre de 4 à 5000 hommes de cavalerie, qui doivent venir de France par la route de la Corniche. Vous voyez que nous avons déjà un assez bel effectif de troupes à mettre en ligne contre les Autrichiens. Il ne faut pas oublier que, sans compter les volontaires italiens de tous les pays, il y a aussi 80 000 Piémontais, parfaitement disciplinés, très-animés, très-désireux de combattre à côté et sous les yeux de nos soldats, et que parmi ces 80 000 Piémontais, 40 000 au moins sont des vétérans qui ont vu le feu.

C'est la première fois que je vois, surtout dans des conditions aussi favorables pour la bien voir, une armée en marche vers l'ennemi, et j'ignore s'il est de certains signes qui font présager la victoire (*in hoc signo vinces*), mais si la bonne discipline, l'enthousiasme, la sérénité, la confiance sans bornes dans son courage et dans ses chefs sont les principaux éléments de succès, soyez sûr d'avance que cette armée ira loin, et que, sur ces champs de bataille déjà illustrés par nos pères, la France sera aussi bien représentée dans ses enfants d'aujourd'hui qu'elle le fut aux grands jours de la République et de l'Empire.

Nos soldats ne sont pas des savants, mais ils n'ignorent pas que cette partie de l'Italie dont ils foulent le sol en ce moment a été le théâtre de nos plus beaux faits d'armes ; ils saluent en marchant tous les champs de bataille de la campagne de 1796 : Mondovi, Millesimo, Montenotte ; ils savent qu'ils ne sont qu'à quelques pas de ces champs de Marengo dont la grande journée ouvrit si glorieusement le siècle où nous sommes ; ils passent par les chemins où ont passé leurs pères ; ils vont comme leurs pères au-devant des mêmes ennemis tant de fois vaincus, et tous ces souvenirs les exaltent et les enchantent. N'oubliez pas non plus que l'émulation aiguillonne tous ces régiments qui appellent de tous leurs désirs l'heure de la bataille : les zouaves, qui ont à soutenir une vieille réputation solidement assise ; la garde, nos troupes de ligne, les turcos, qui ont fait, il paraît, le serment de ne pas brûler une cartouche et de courir sur la gueule des canons autrichiens la baïonnette en avant.

Dans ces deux derniers jours surtout, j'ai pu apprécier tout ce que la servitude militaire exige de courage, de patience et de sublime abnégation. Le temps était affreux, et nos soldats échelonnés sur les chemins de Gênes à Novi, portant chacun un sac pesant trente kilogrammes, sans compter le fusil et le shako, marchaient allégrement, trempés jusqu'aux os, le vent et la pluie fouettant leur visage. Pas une plainte ; ils chantaient. Quand passait un train du chemin de fer, ils s'arrêtaient pour agiter leur képis en criant Vive l'Italie ! Le soir, la pluie continuant toujours, ils plantaient dans le premier champ venu, sur un sol détrempé, les piquets de leurs tentes et s'endormaient sans un murmure.

A Arquata, je rencontrai un jeune sous-lieutenant dont tous les vêtements ruisselaient, et qui n'avait pas d'effets de rechange. Il avait acheté, la veille, un mulet à Gênes, et le mulet avait brisé sa corde pendant la nuit et s'était perdu dans les montagnes avec les bagages. Les soldats, qui sont un peu des enfants, riaient sous cape de la mésaventure du sous-lieutenant, lequel, du reste, quoique tout jeune, supportait son malheur avec assez de philosophie. Un vieux soldat tira de son sac une chemise et la donna à l'officier.

Gênes bénira doublement l'arrivée de nos troupes. Les officiers, obligés de partir à l'improviste, n'avaient pu se fournir en France de tous les objets nécessaires pour l'entrée en campagne, et c'est à Gênes que ces objets ont été achetés : des manteaux, des tentes, des malles, des caisses, etc. C'est également Gênes qui a fourni les mulets, les voitures, les fourgons ; les mulets ont été amenés de quinze lieues à la ronde et se sont vendus jusqu'à 800 francs. Les environs ont fourni des troupeaux de bœufs et de moutons. Pendant que les soldats de Giulay, qui viennent, comme vous savez, délivrer le Piémont des partis qui l'oppriment, exigeaient, le Tessin à peine franchi, deux cent mille rations et frappaient le pays de contributions extraordinaires, notre armée payait tout argent comptant, en laissant à la seule ville de Gênes plusieurs millions. De quel côté sont les libérateurs ?

Le maréchal Baraguey d'Hilliers a quitté Gênes hier matin avec son état-major et a été rejoindre son corps d'armée. On fait tous les préparatifs nécessaires pour l'arrivée de la cavalerie. Hier aussi, le maréchal Canrobert a passé à Alexandrie une grande revue, qui a été superbe. On m'assure, mais je ne puis rien affirmer à ce sujet, que Victor-Emmanuel a quitté San Salvatore et qu'il s'est transporté à Novi. S'il y a dans la journée un train de chemin de fer, je serai ce soir au quartier général piémontais.

Il y a eu quelques escarmouches et de petites rencontres d'avant-postes : une vingtaine de tués et de blessés de part et d'autre ; mais je doute maintenant que la grande bataille qu'on attendait ces jours-ci ait lieu incessamment. On assure que les Autrichiens ont complétement modifié leur plan de campagne, par suite de l'invasion inopinée de l'armée française. Le fait est que les Autrichiens ont manqué le coche. Il y a dix jours, une pointe sur Turin ou sur Casale eût peut-être réussi ; aujourd'hui, tout est bien changé. Les généraux ennemis ont si bien compris ce changement de situation, que, au lieu de faire marcher leurs bataillons musique en tête, comme le jour où ils ont passé le Tessin, ils élèvent de tous côtés des ouvrages défensifs et se cantonnent derrière des fortifications. Quand nos troupes seront tout à fait prêtes, il est probable que ce sont elles qui prendront le rôle offensif. L'Autriche ne venant pas à nous, nous irons à l'Autriche.

Un Milanais, que j'ai rencontré à Gênes, m'affirme que les généraux autrichiens cachent soigneusement à leurs soldats l'intervention française en faveur du Piémont. Ils leur disent qu'ils n'auront à combattre que l'armée piémontaise, et que la France restera seulement l'arme au pied derrière les Alpes. Je ne sais jusqu'à quel point le fait est vrai, mais le Milanais qui me l'a raconté m'a juré qu'il ne disait que la plus stricte vérité. Il ajoutait qu'à Milan, tout individu parlant, soit en bien, soit en mal, de l'intervention française était immédiatement jeté en prison comme colporteur de fausses nouvelles.

Ce matin, à sept heures, la troisième division de la garde a quitté Gênes et s'est mise en marche vers Novi. On attend toujours l'Empereur.

Turin, 8 mai.

Je vous envoie ces quelques lignes de Turin, où je suis arrivé hier au soir, venant d'Alexandrie. De Gênes jusqu'à Novi, j'ai vu échelonné tout le long de la route le corps d'armée du maréchal Baraguey d'Hilliers, qui a transporté à Novi son quartier général. Quant à cette grande place d'Alexandrie, elle renferme en ce moment une armée formidable : tout le corps d'armée du maréchal Canrobert, et au moins 25 000 soldats piémontais. Sur toutes les places, sur toutes les promenades des batteries d'artillerie avec canons rayés. A l'heure qu'il est, nos troupes sont déjà organisées administrativement et toutes prêtes à livrer bataille. Les soldats, qui commencent à croire qu'il leur faudra aller chercher les Autrichiens cantonnés derrière le Pô, attendent avec la plus vive impatience l'arrivée de l'Empereur.

Vous savez quels excès a commis l'armée autrichienne dans les provinces sardes dont elle s'est emparée. Déprédations de toute sorte : vols, brigandages ; elle a poussé si loin la férocité, que les écrits qui nous arrivent de Verceil, de Mortara et de Novare semblent empruntés aux sanglantes chroniques du moyen âge. Un député du parlement sarde, dont la famille habite la Lomelline, qui a Mortara pour chef-lieu, m'a communiqué une lettre dans laquelle sont enregistrés les hauts faits des soldats de François-Joseph.

En arrivant dans la Lomelline, une des plus riches, peut-être la plus riche province du Piémont, l'armée autrichienne a commencé par faire main basse sur les troupeaux, les chevaux, les mulets ; puis elle s'est emparée de tout le froment, de tous les fourrages, et, chargeant ce butin sur des chariots également confisqués, elle a dirigé le tout vers le Tessin. Ce n'est pas tout : le général de ces compagnies franches a ordonné aux habitants qu'ils lui livrassent linge, draps, serviettes, torchons, chemises, même des couvertures ; si bien qu'à l'heure qu'il est, il ne reste plus à ces malheureux Piémontais envahis que la chemise qu'ils ont sur le corps.

Quand la razzia a été complète, l'ennemi a exigé de chaque habitant une contribution en argent, et quiconque ne pouvait payer était maltraité et même bâtonné par les soldats de Sa Majesté Apostolique. Un syndic ayant timidement demandé à un colonel de vouloir bien lui délivrer un mandat constatant qu'il avait été forcé de livrer tant de bottes de fourrages et tant de sacs de blé, celui-ci répondit : « Mon mandat, c'est mon épée, et vous n'en aurez pas d'autre. » Ainsi, lorsqu'il s'agira de régler nos comptes avec l'Autriche, il sera impossible de constater par des pièces officielles les dommages et les pertes éprouvées par les habitants des provinces envahies.

L'indignation est à son comble à Turin, à Gênes, partout, et l'on assure que le gouvernement sarde se propose d'adresser à l'Europe un manifeste dans lequel il va mettre au grand jour toutes les atrocités, toutes les horreurs et toutes les infamies commandées à leurs soldats par ces généraux autrichiens qui ne se contentent pas de voler, de dilapider, de piller, mais qui encore maltraitent des populations sans armes. Quelle puissance désormais oserait s'associer à la cause de l'Autriche ?

Vous comprenez la colère, je dirai même la rage de l'armée et de la population sardes. Hier, en passant à Asti, je vis mille ou douze cents personnes disséminées dans la gare du chemin de fer, et dont les traits contractés, les gestes, le langage, indiquaient suffisamment les sentiments qui les agitaient. Des femmes se précipitaient vers nos officiers et nos soldats et leur prenaient les mains, qu'elles serraient avec force, en criant : *La guerra! la guerra sinza misericordia!* L'aspect de ces hommes irrités, de ces femmes éplorées, tenant leurs enfants par la main et vociférant des cris de mort, était imposant et terrible, et il faudrait avoir un cœur de bronze pour ne pas se sentir profondément ému devant un pareil spectacle.

A Turin, les esprits n'étaient pas moins excités. Les lettres arrivées dans la journée apportant le lamentable récit des événements qui venaient de se passer à Mortara, à Verceil et à Novare, étaient lues dans les groupes et commentées avec une énergie de paroles et de gestes qui rappelait l'exaspération de la population d'Asti. On m'apprit qu'on venait de saisir près de Biéla un individu sur lequel on avait trouvé des papiers compromettants. Cet individu, pressé de questions, avait fini par avouer qu'il était un espion autrichien, et il avait été immédiatement fusillé.

Ce que je vous avais dit du changement apporté par l'Autriche dans son plan de campagne se vérifie.

Les Autrichiens ont évacué Voghera et Tortona, après avoir tout pillé et saccagé. Au lieu d'avancer, comme ils en avaient manifesté l'intention dans les premiers jours, ils se retranchent dans leurs positions. C'est là un fait dont la portée morale n'échappera à personne. Après l'attitude prise par l'Autriche dans ses manifestes, ne pas avancer, c'est reculer.

Je ne vous envoie que ces quelques lignes écrites à la hâte, parce que l'heure du courrier me presse.

On m'assure que l'Empereur s'embarquera mercredi au plus tard à Toulon, et qu'il arrivera jeudi à Gênes. J'y serai, et je vous enverrai les détails de la réception qui lui sera faite.

Gênes, 10 mai.

En revenant de Turin, je me suis arrêté à Alexandrie, où j'ai vu arriver une soixantaine de soldats autrichiens faits prisonniers dans les engagements d'avant-postes. Ces malheureux étaient dans l'état le plus pitoyable, à peine vêtus, et quelques-uns sans chaussures. S'il faut juger de toute l'armée de François-Joseph par ce spécimen, je comprends les réquisitions, les spoliations, le vol et le pillage des bandes de Giulay. Les généraux autrichiens auront montré le Piémont à leurs soldats, comme Annibal, du haut des Alpes, montra l'Italie aux Carthaginois.

Déjà Giulay, parodiant les bulletins victorieux de Napoléon Ier, peut écrire à la cour de Vienne : « Nous avons pris en dix jours cinquante mille sacs de riz, nous avons conquis cent mille rations de pain ; nous

nous sommes emparés de tout le linge des habitants, et nous avons fait prisonniers.... deux syndics. » En effet, le syndic de Mortara et le syndic d'un village de la Lomelline ont été jetés en prison par les soldats autrichiens, parce que leurs compatriotes ne pouvaient payer l'énorme contribution en argent qu'on exigeait d'eux.

Au moment où je rentrais dans Gênes, un régiment de zouaves venant d'Afrique débarquait tambours battants, et soulevait, par son attitude martiale, des transports d'enthousiasme. Ces zouaves, portant le turban vert, sont tellement brunis par le soleil d'Afrique, qu'ils paraissent plus noirs que les turcos. Après s'être reposés un jour ici, ils se sont mis en route pour le quartier général. Depuis hier au soir, onze navires de guerre français ont mouillé dans le port, et, à l'heure où je vous écris, je vois de ma fenêtre débarquer des canons, des caissons, des chevaux, de l'artillerie de la garde et un nouveau régiment de zouaves. Le port militaire est sillonné de barques qui vont des quais aux navires et qui reviennent des navires aux quais, transportant nos soldats, notre matériel, nos chevaux et nos munitions. En ajoutant aux soixante-cinq mille hommes dont je vous parlais dans une de mes dernières lettres les quinze mille hommes qui ont débarqué depuis trois jours, nous trouvons un chiffre rond de quatre-vingt mille soldats qui sont déjà entrés en Italie rien que par Gênes.

J'ai été hier au soir au théâtre André-Doria pour assister à la représentation d'un drame de circonstance intitulé le *Siége d'Alexandrie*. L'action se passe au XIIe siècle, à l'époque où la ligue lombarde avait à se défendre contre les attaques de l'empereur d'Allemagne Frédéric Ier. Le dialogue de ce drame est fortement nourri de décharges de mousqueterie et de coups de canon; mais tout l'intérêt de la pièce s'est concentré hier au soir dans le rôle d'un personnage secondaire, un envoyé autrichien. Quand ce malheureux ambassadeur paraissait sur la scène, il lui était impossible de dire un mot. Aussitôt qu'il ouvrait la bouche pour parler, les injures partant du parterre et des hautes loges lui coupaient littéralement la parole. Je n'ai jamais entendu une telle cacophonie de cris, de vociférations et de sifflets. Parmi toutes les injures qui se croisaient dans la salle et tombaient dru comme grêle sur la tête du diplomate, la plus employée était : *Canaglia tedesca* (canaille d'Autrichien)! A un certain moment, des pelures d'oranges lancées par des mains habiles vinrent frapper en pleine poitrine l'ambassadeur, qui, ne sachant plus quelle contenance tenir, prit tout à coup le parti de battre en retraite dans la coulisse, aux applaudissements des spectateurs.

Cependant l'action du drame se trouvant un peu entravée par suite de la fugue de l'envoyé tudesque, le régisseur parut, et, dans une allocution bien sentie, fit comprendre au public que le malheureux acteur chargé du rôle de l'envoyé autrichien était au fond un excellent patriote, qu'en conséquence il suppliait les dames et les messieurs de vouloir bien lui accorder la parole pour que le drame se déroulât jusqu'au dénoûment, qui devait consacrer, du reste, la pleine victoire de l'Italie et la défaite complète des Autrichiens. Cette assurance positive donnée par le régisseur sur le résultat final de la pièce calma un peu l'agitation de la multitude, et l'envoyé autrichien put reparaître. Je ne vous cacherai pas pourtant que, s'il ne reçut plus de quartiers d'oranges, il ne fut pas tout à fait quitte des grognements et des sifflets, qui l'accompagnèrent jusqu'au bout de son rôle.

En ce moment, on dresse des ifs dans les rues, on place des drapeaux aux balcons de tous les palais ; on fait, en un mot, tous les préparatifs pour le débarquement de l'Empereur.

Gênes, 12 mai.

Dès hier matin, une grande affiche blanche, placardée sur tous les murs de Gênes, et signée du syndic, annonçait officiellement l'arrivée de Napoléon III. Cette nouvelle se répandit aussitôt dans les environs, et l'on vit bientôt descendre vers la ville les flots de la population campagnarde. Hier au soir, un convoi de quarante wagons amenait de Turin une foule immense. Le prince de Carignan, M. le comte Cavour, l'ambassadeur de France à Turin, M. le prince de La Tour-d'Auvergne, et plusieurs autres personnages politiques étaient arrivés la veille. La proclamation du syndic à peine affichée, la ville se pavoisa de drapeaux tricolores, et les gonfalons, les banderoles flottèrent au haut des mâts plantés sur les places. Les riches tentures, recouvrant les balcons et décorant les fenêtres, donnaient un aspect magnifique à ces grandes rues bordées de palais.

Gênes est véritablement la ville des grands cortéges et des entrées souveraines. On dirait qu'elle a entassé tant d'étages, les uns sur les autres, au fond de ce vaste golfe, dont le contour est d'un dessin si pur, pour que de tous les points la population pût contempler le retour des flottes victorieuses que ramenaient jadis les Doria, les Sauli, les Boccanera, les Visconti, les Spinola. Sur cette mer bleue comme le ciel, calme comme un lac, et qu'encadrent les montagnes de la Corniche, les vaisseaux peuvent être signalés à huit lieues de distance, et du haut des collines génoises, que dominent les forts, on voit à quinze lieues en mer, à l'aide d'une longuevue, les navires qui se détachent à l'horizon comme de petits points blancs sur l'azur des flots.

En entrant dans le port, le premier spectacle qui s'offre au voyageur debout sur le pont du paquebot, c'est le splendide palais André-Doria, dont les gigantesques escaliers, conduisant aux terrasses plantées de citronniers, descendent vers la mer et baignent dans les flots leurs marches marmoréennes. Quand la mer est grosse, elle inonde de son écume les dalles de la salle basse, où le grand Doria venait suivre d'un œil inquiet les galères vénitiennes, et où Charles Quint passa, dit-on, toute une nuit en contemplation devant ce ciel et ce grand lac peuplés d'étoiles.

A Gênes, comme dans presque toutes les villes de l'Italie, la sainte Vierge est de toutes les fêtes, et le matin de bonne heure des mains pieuses renouvelaient les riches vêtements des madones qui veillent, dans des niches artistement sculptées, au salut de la cité. Dans la via Balbi, dans la Nuovissima et la Carlo-Felice, on hissait les derniers drapeaux, on enguirlandait les maisons de feuillages, et partout éclataient, en lettres d'or, sur des transparents aux trois couleurs italiennes, les devises chevaleresques et patriotiques. Dans toutes les rues, sur toutes les places, la foule roulait comme une cataracte vers le port. L'immense promenade des Portiques était déjà inondée, et les quais et les collines qui descendent vers la Méditerranée. Partout, la foule impatiente et avide du spectacle.

Dans le port marchand, huit cents navires sont à l'ancre, pavoisés et déployant au soleil les drapeaux de toutes les nations. Dans le port militaire, la frégate anglaise *le Marabout*, arbore ses flammes multicolores, en face des frégates et des bateaux à vapeur français. Sur le vieux môle, les zouaves de la garde impériale, rangés en bataille et tournés vers la mer, attendant, l'arme au pied, pendant que la musique exécute des airs militaires. Une grande frégate, portant sur son pont un régiment de grenadiers, sort du port et va au-devant du cortége impérial. Aussitôt des centaines de barques montées par des femmes enveloppées du *pezzetto* partent des quais et sillonnent la rade dans tous les sens; à ces barques viennent se joindre d'autres embarcations décorées de flammèches tricolores et recouvertes d'étoffes en soie rose frangées de crépines d'or. En quelques instants, le port et la rade sont littéralement couverts de ces légères gondoles, qui se croisent sans se heurter et se retirent dans toutes les directions, comme des oiseaux effarouchés, pour livrer passage aux gros bateaux à vapeur qui transportent les musiques des régiments de la garde nationale génoise.

L'Empereur devant descendre dans le canot à son entrée dans le port et se diriger vers le débarcadère du côté des *Porticci*, on a établi une espèce de rue vénitienne bordée par des embarcations légères appuyées de chaque côté contre les gros navires marchands. Du milieu du port le spectacle est magique : toutes ces barques qui courent à la surface des flots, tous ces navires, tous ces palais pavoisés, toute cette multitude qui palpite, toutes ces musiques qui sonnent des fanfares, tout cela, dis-je, constitue un spectacle étrange, unique et animé comme ces foules qui grouillent dans les tableaux des grands maîtres italiens.

A midi et demi, le cortége impérial, signalé par la vigie, est annoncé par deux coups de canon. Les embarcations de toutes sortes se lancent vers la mer et prennent le large. Bientôt, au milieu des coups de canon partis de l'amirauté, auxquels répondent par d'énergiques détonations *le Marabout* et les autres vaisseaux de guerre, *la Reine-Hortense* entre dans le port, escortée de centaines de barques qui lancent des bouquets de fleurs sur le pont de la frégate impériale. Les matelots anglais, rangés sur les vergues, crient trois fois *hurrah*, les tambours battent aux champs, les détonations de l'artillerie éclatent de toutes parts comme des milliers de tonnerres, et l'Empereur, reçu dans le canot par le duc de Carignan et le comte Cavour, descend de la frégate, suivi du prince Napoléon et des officiers qui l'accompagnent. Le canot se dirige à travers la rue de bateaux, d'où s'élance, pendant tout le parcours jusqu'au débarcadère, un feu d'artifice de bouquets qui tombent dans la mer et forment une voie fleurie. Les cris : Vive l'Italie ! Vive la France !

Vive l'Empereur! se croisent dans l'air. Cette réception a été très-grande et très-belle.

Ce qui m'a le plus frappé dans cet accueil de tout un peuple, c'est la confiance de ce peuple dans l'avenir. Pas un instant d'hésitation ni de doute. I voit dans l'Empereur le général en chef de l'armée qui va combattre pour l'indépendance italienne, et il le salue, lui et ses soldats, comme des libérateurs. Sa foi est si grande, qu'il n'admet même pas la possibilité de la fortune contraire, et qu'il célèbre d'avance la prochaine victoire.

L'Empereur a été reçu au débarcadère par l'archevêque de Gênes à la tête de son clergé. Parmi les prêtres qui étaient dans le cortége, six portaient la médaille de Sainte-Hélène.

Le soir, la ville était illuminée. L'aspect du port était merveilleux ; la Darse, les mâts des navires, les quais, les collines, la mer, les palais, tout cela formait un immense incendie.

A neuf heures, l'Empereur parut dans la loge royale au théâtre Carlo-Félice, dont les six rangs de loges étincelaient de fleurs et de diamants. A son entrée, les dames se levèrent et agitèrent leurs mouchoirs. L'Empereur avait à sa droite le prince Napoléon, et à sa gauche le prince de Carignan, derrière lequel se tenait le comte Cavour.

Pendant la représentation, j'ai aperçu, à une avant-scène, M. Émile Augier. Le jeune académicien est venu en promeneur, comme invité du prince Napoléon; il suivra le prince à son quartier général, mais en simple amateur, et non comme historiographe, ainsi qu'on l'avait annoncé.

Gênes, 14 mai.

Le roi Victor-Emmanuel est arrivé hier matin incognito à Gênes, ainsi que je vous l'avais annoncé dans ma dernière lettre, mais il n'a fait qu'une simple visite à l'Empereur, et il est reparti aussitôt pour son quartier général. On ignore encore, au moment où je vous écris, où sera le quartier général de l'Empereur. Il devait partir aujourd'hui à deux heures pour Arquata, petite ville de trois mille habitants, située à quelques kilomètres de Novi, mais il paraît qu'il ne partira que demain, et l'on ne sait s'il ira à Arquata ou à Alexandrie. Dans la journée d'hier, l'Empereur a assisté au débarquement d'un régiment de chasseurs, puis il est rentré au palais royal, accompagné par les vivat d'une foule immense.

Ce matin, à cinq heures, j'ai été dire adieu à deux

amis, officiers au 3ᵉ régiment de zouaves, qui arrivent d'Afrique. Ce régiment était campé près de la porte Pila, sur les glacis des fortifications. J'ai donc assisté, par le plus affreux temps qu'il ait jamais fait, au petit lever des zouaves, et je vous affirme qu'ils ont grandement raison de n'être pas d'une constitution délicate. Ils se lavaient, se peignaient, brossaient leurs pantalons, en plein air, par une pluie battante, et vous ne serez pas trop surpris qu'ils eussent l'air d'être chez eux sur ce sol détrempé, lorsque je vous aurai dit que, depuis quatre mois, ils n'ont pas couché dans un lit. Sur un signal donné par le clairon, les piquets des tentes sont arrachés en un clin d'œil. Tous les *impedimenta* sont placés sur le dos des mulets, et le camp est levé.

Le régiment de zouaves part pour Bobbio, où il arrivera après-demain soir, après s'être arrêté le premier soir à Toriglia, et le second à Ottone. Bobbio, placée sur la frontière du duché de Parme, est occupée en ce moment par les Autrichiens, et c'est pour les prier de déloger qu'on leur envoie les zouaves. Ceux-ci sont dans l'enchantement, ils espèrent être les premiers, parmi les soldats français, à faire le coup de fusil contre l'ennemi. Le colonel, M. de Chabron, disait devant moi : « Nous partons ce matin, nous arriverons après-demain soir ; et si les Autrichiens nous font l'honneur de nous attendre, nous espérons bien être maîtres de la position le lendemain de notre arrivée. » La seule crainte du colonel est qu'il ne puisse modérer l'ardeur de ses hommes ; et remarquez que c'est la crainte de tous les chefs de corps. Dans une très-belle proclamation, dont j'ai entendu la lecture ce matin même, l'Empereur dit aussi en s'adressant à l'armée : « Défiez-vous d'un trop grand élan, c'est la seule chose que je redoute. »

A sept heures, le prince Napoléon, suivi de son état-major, arrivait à la porte Pila, passait en revue le 3ᵉ régiment de zouaves, qui fait partie de sa division, et à sept heures et demie la colonne se mettait en marche au son du clairon et des chansons du soldat.

Tous les rapports confirment les mouvements de retraite de l'ennemi ; mais on se dispose à aller au-devant de lui, et l'opinion générale est qu'un engagement sérieux aura lieu d'ici à quelques jours. Quant aux soldats, ils sont tous fermement convaincus qu'ils camperont à Milan avant la fin du mois. Si leur espérance se réalise, je vous promets une belle lettre datée de la place du Dôme.

Le bruit court ici qu'un combat très-vif a eu lieu entre les Piémontais et les Autrichiens, et que ceux-ci ont été complétement refoulés. On parle de huit cents morts du côté de l'ennemi, d'un général autrichien tué, mais j'ignore si le fait est exact. Le bulletin officiel publié chaque matin par le gouvernement n'a pas encore paru au moment où je vais jeter ces lignes à la poste.

J'apprends à la minute que l'Empereur va partir tout à l'heure pour Alexandrie.

Un grand nombre de régiments de la garde défilent dans les rues et se dirigent vers Ponte Decimo, Arquata, Serravalle et Novi.

Je ne sais d'où je vous enverrai ma prochaine lettre. Je quitterai probablement Gênes demain soir, et j'ignore encore où j'irai.

Alexandrie, 15 mai.

L'Empereur a quitté hier à deux heures le palais royal de Gênes et s'est dirigé par le chemin de fer à Alexandrie, où il a établi son quartier général. Le prince Napoléon a accompagné l'Empereur jusqu'à mi-chemin; le prince a dû partir ce matin pour San Martino d'Albaro, où se trouve son quartier général. San Martino n'est qu'à deux lieues de Gênes. L'Empereur a été reçu à Alexandrie avec le même enthousiasme qu'à Gênes; les cris : *Viva la Francia! viva Napoleone!* l'ont accueilli au débarcadère et l'ont suivi dans les rues de la ville enguirlandée, pavoisée et plantée d'arcs de triomphe. L'Empereur a fait son entrée dans Alexandrie à cheval, accompagné du maréchal Canrobert, du maréchal Vaillant et escorté d'un nombreux état-major.

Quelques instants après l'entrée de l'Empereur, le roi Victor-Emmanuel, accourant de San Salvator, se dirigeait vers le palais royal, où avaient été préparés les logments de l'Empereur. Deux heures après son arrivée, le roi de Piémont retournait à son quartier général.

Depuis deux jours, une grande partie de la garde a quitté Gênes, qui commence à reprendre sa physionomie ordinaire. Déjà hier au soir l'uniforme ne se voyait presque plus dans les rues. On circulait presque librement, et les théâtres, les cafés, les promenades, tous ces endroits si animés la veille étaient à peu près déserts.

Le débarquement n'est cependant pas terminé. Hier, à sept heures du soir, deux gros bateaux à vapeur sont entrés dans le port, chargés d'hommes, de chevaux et de munitions.

Sur la route de Gênes à Alexandrie, j'ai rencontré encore plus de troupes que je n'en avais vu lors de mon premier voyage. L'artillerie de la garde, les grenadiers, les chasseurs, les fantassins et les cavaliers, les canons et les caissons, les mulets et les charrettes, tout cela se suit et forme un gigantesque ruban de dix-huit lieues de longueur. Sur cet espace de dix-huit lieues, il n'y a pas un pouce de terrain qui ne soit occupé par notre armée, laquelle se masse de plus en plus autour du quartier général. Au moment où j'arrivais à Alexandrie, trois régiments piémontais de la ligne et deux beaux régiments de *bersaglieri*, qui sont à peu de chose près organisés comme nos chasseurs de Vincennes, étaient empilés dans des wagons et dirigés à toute vapeur vers Casale. On dit que des régiments français seront aussi envoyés ce soir sur ce point.

Vous devez comprendre qu'Alexandrie est plus un camp que jamais. Les rues sont sillonnées de généraux, d'officiers et de soldats. Des soldats partout, en dedans et en dehors des fortifications. Les forts, les remparts, les redans, les bastions, sont occupés par des troupes françaises et piémontaises, et sur les glacis on voit se promener d'une guérite à l'autre les sentinelles des deux armées alliées. A tout instant, le matin, le soir, le bruit du tambour, le son du clairon, les fanfares des musiques militaires, les exercices, les revues; puis des bataillons qui arrivent, des régiments qui partent; une activité, un bruit, un va-et-vient de chevaux, d'hommes et de gros canons qui roulent sur le pavé des rues. Ici, on vit au milieu d'une fièvre perpétuelle.

On croit toujours à une affaire décisive très-prochaine, mais vous comprenez que, sauf l'Empereur et ses maréchaux, personne n'a le secret des opérations qui se préparent.

Je vous écris dans une auberge où je me suis réfugié, au milieu d'un infernal vacarme, en attendant qu'on me trouve un logement. Le logement est rare à Alexandrie en ce moment; tous les hôtels sont occupés ; et les officiers étant presque tous logés chez les particuliers, la grande difficulté est de trouver une chambre. J'espère y arriver avec l'aide de Dieu et d'un domestique de place qui m'a promis de m'en déterrer une, moyennant un pourboire, bien entendu.

Casale, 19 mai.

Je vous écris de l'ancienne capitale du duché de Montferrat, de Casale, plus communément nommée Casale Montferrata, pour la distinguer de plusieurs autres villes de la Lombardie qui portent le nom de Casale. Elle est située entre une riante colline et la rive droite du Pô, à quarante-cinq kilomètres de Turin et à vingt-cinq d'Alexandrie.

Casale est occupée en ce moment par un grand nombre de nos régiments; c'est une ville forte qu'on a énormément fortifiée tout récemment. Nos soldats sont là à quelques kilomètres des Autrichiens; mais la pluie qui est tombée ces jours derniers a tellement détrempé le sol, qu'il n'est pas probable que, de part ni d'autre, on songe à engager une affaire sérieuse de ce côté d'ici à quelques jours. Presque toutes les rivières sont débordées, et les torrents que l'on passait à pied sec la semaine dernière se donnent aujourd'hui des airs de fleuves.

Le mauvais temps ne nous est pas aussi défavorable qu'on pourrait le supposer. Il nous permet de faire venir d'énormes provisions de toutes sortes, un matériel d'artillerie immense, des munitions considérables. En un mot, il semble conspirer en notre faveur pour que les chefs puissent organiser sur tous les points le service militaire. Quand commenceront les hostilités sur une grande échelle, l'armée française sera aussi solidement organisée que si elle était depuis six mois dans le pays. En revanche on sait ici par les prisonniers autrichiens que chaque jour qui s'écoule rend plus critique la position de l'ennemi. Il est dans l'eau jusqu'au cou ; il a si bien dévasté la partie du territoire sarde dont il s'est emparé, qu'il ne peut plus y trouver ni provisions ni fourrages. A défaut des contributions qu'il ne peut plus lever, attendu qu'il a tout pris dans les premiers jours de l'invasion, il force les femmes et les enfants à exécuter des travaux de terrassement, et femmes ou enfants, quiconque ne travaille pas avec une ardeur suffisante, est fort malmené par les caporaux de Sa Majesté Apostolique.

A ce propos, je vous dirai que la lecture de quelques feuilles belges qui ne pénètrent pas en France a soulevé dans tout le Piémont, et probablement dans toute l'Italie, une indignation générale. Ces journaux ont pris à peu près ouvertement le parti des Autrichiens, et ont insinué que tous les actes de dévastation et de brigandage reprochés aux bandes de Giulay étaient une invention des journalistes parisiens. Je vous prie de croire que nous n'avons été épargnés ni les uns ni les autres; un journal belge a même prétendu que les Autrichiens avaient agi avec dignité et modération, et que les habitants de la Lomelline n'avaient qu'à se louer de leurs procédés. « Mais, ajoutait ce journal, quelques journalistes parisiens se sont faits, dans un sentiment de patriotisme étroit, les calomniateurs de l'Autriche. » Si ces journaux, qui connaissent si bien les événements qui se passent à trois cents lieues de leur bureau de rédaction, voulaient envoyer des correspondants sur le théâtre de la guerre, ceux-ci pourraient les renseigner sans beaucoup de peine, car on rencontre à chaque pas, soit à Turin, soit à Alexandrie, des malheureux habitants de la Lomelline échappés des mains des Autrichiens, et qui racontent à qui les interroge les horreurs, les dévastations, les brigandages et les infamies dont ils ont été témoins.

A Alexandrie, où il est encore, l'Empereur continue à passer en revue tout régiment qui arrive et tout régiment qui part pour sa destination. Hier, il a visité tous les ouvrages avancés, accompagné seulement d'un aide de camp. Le roi Victor-Emmanuel, arrivé de son quartier général pour faire une visite à l'Empereur, s'est rencontré au palais royal avec le prince Napoléon, qui arrivait de Gênes. Le roi et le prince ne sont pas restés plus de deux heures à Alexandrie. L'Empereur devait, dans la même journée, aller visiter le champ de bataille de Marengo, mais la pluie étant survenue, cette excursion a été contremandée et remise à un autre jour.

Aujourd'hui, l'Empereur doit se rendre à Tortona, avec une suite peu nombreuse. Il reviendra ce soir à Alexandrie, mais on assure que d'ici à peu de jours il transportera d'Alexandrie à Tortona son quartier général.

Les espions continuent à rôder autour des places fortes, et il ne se passe pas de jour qu'on ne mette la main sur un de ces misérables. Je crois savoir que deux espions autrichiens ont été fusillés hier matin dans les fossés d'Alexandrie. Un autre, d'après ce qu'on me rapporte, aurait été également fusillé avant-hier à Casale.

Cette nuit, nous avons entendu retentir le canon

dans la direction de Valenza ; mais, au moment de jeter cette lettre à la poste, on ne connaissait pas encore ici le résultat de cette forte canonnade.

Si, d'après les renseignements que j'espère avoir ce soir ou demain, j'apprends qu'il doit s'écouler encore quelques jours avant qu'on ne tente un coup décisif, je ferai peut-être une pointe jusqu'en Toscane, où un corps d'armée français doit, dit-on, débarquer incessamment.

Turin, 20 mai.

En revenant de Casale, je me suis arrêté à Valenza, petite ville qui fut autrefois fortifiée, qui l'est très-peu aujourd'hui, et qui est occupée par nos troupes. Dans les temps ordinaires, Valenza, couchée au bord du fleuve, dominée par de riantes collines, doit être une colonie arcadienne. Tout ce pays si calme, si fertile, coupé de tant d'aimables rigoles, semble la patrie des bergers de Virgile. Quel joli cadre pour une églogue, ce vallon parsemé de myrtes ! Ne sont-ce pas les Sylvies et les Amadryades que j'entrevois derrière ces bouquets d'arbres sur la rive gauche du fleuve ? Non, ces points blancs qui se détachent sur la verdure des prairies, ce sont les soldats autrichiens.

C'est en effet sur la rive gauche du Pô, en face

de Valenza, que sont les avant-postes de l'ennemi, et de la rive droite j'ai pu voir tous les mouvements de ces troupes qui vont et qui viennent, et qui se sont peut-être retirées au moment où je vous écris. C'est là que, il y a deux jours, une de nos batteries rayées a donné aux soldats de François-Joseph un petit échantillon de son savoir-faire. Les Autrichiens avaient pointé leurs pièces de campagne sur un moulin auquel ils envoyèrent pendant plusieurs heures, et sans trop de succès, des centaines de boulets. Nos soldats, qui assistaient de l'autre côté du Pô à cette petite école de tir, jugeaient des coups comme auraient pu faire des spectateurs désintéressés. La conclusion de cet examen fut que les avant-postes ennemis avaient des pièces d'artillerie médiocres et des pointeurs détestables.

Quand les Autrichiens eurent envoyé tous leurs boulets à cet infortuné moulin, encore debout en ce moment, on pensa qu'il était temps de leur donner une leçon de tir, et l'on mit en batterie six petits canons. Ces canons, tirant à deux mille six cents mètres, furent chargés cinq fois, après quoi la besogne se trouva faite : des palissades, des fortifications en terre, des ouvrages élevés à grand'peine par l'ennemi, il ne restait plus qu'un amas de débris, des fossés comblés, des blocs étoilés et des murs réduits en poussière. Nos canons rayés avaient opéré des merveilles de destruction. A l'aide de ces instruments de précision, on procède mathématiquement ; il est impossible de voir un coup de balai plus réussi.

Le lendemain, l'Empereur arriva d'Alexandrie à Valenza pour juger par lui-même de l'effet de la nouvelle artillerie ; il vit, dans toute sa triomphante réalité, le spectacle de la veille, et il suivit pendant quelque temps du regard les mouvements de l'ennemi, qui faisait mine de plier bagage. La population poussait autour de l'Empereur les cris accoutumés, et une heure après il retournait en voiture à Alexandrie, accompagné seulement de deux aides de camp. Vous jugez si cette petite affaire a encore augmenté la confiance des chefs et des soldats !

On a beaucoup vanté l'héroïsme du gamin de Paris, qui voit dans le danger un jeu comme un autre ; les gamins piémontais ne le cèdent pas, sous ce rapport, à nos plus intrépides petits faubouriens. Une dizaine d'enfants de Valenza s'étaient portés ce jour-là du côté du moulin battu en brèche par l'artillerie autrichienne, et c'était parmi eux à qui s'emparerait le premier du boulet lancé de l'autre côté de la rive du Pô. A peine laissaient-ils à ces meurtriers projectiles le temps de s'amortir. Ils distribuaient ensuite ces boulets, devenus la propriété du plus leste, aux amateurs, en échange de quelques pièces de monnaie. Si un boulet n'était pas un objet un peu embarrassant en voyage, je me serais fait un plaisir de m'en procurer un au juste prix de deux mouttes (la moutte vaut huit sous). Avouez qu'on peut avoir à bon marché les boulets de S. M. l'empereur d'Autriche.

Je ne sais si vous avez lu dans quelques journaux étrangers les singulières amplifications inspirées par les volontaires de Garibaldi. On a dit que ce petit corps d'armée est le refuge de tous les individus plus ou moins compromis; on les a représentés comme autant de reîtres et de lansquenets, soldats de sac et de corde, méprisant toute discipline, et habiles seulement à faire le coup de main dans les entreprises nocturnes. Rien de tout cela n'est vrai. Il n'est pas de régiment en Europe où la discipline soit plus sévèrement exercée que dans les compagnies de volontaires. Garibaldi choisit ses hommes, et quand il ne connaît pas personnellement ceux qui viennent s'offrir à lui, il ne les accepte pas s'ils n'ont pas des répondants sérieux. Ce corps de volontaires est composé d'ailleurs en grande partie de jeunes gens appartenant aux meilleures familles de Naples, de Bologne, de Modène, de Parme, et surtout de Milan.

Il y a en ce moment à l'hôtel de la *Grande-Bretagne*, à Turin, une comtesse milanaise très-riche, dont les deux fils sont volontaires. L'aîné a vingt-deux ans et le plus jeune dix-neuf ans. La mère de ces deux jeunes soldats est venue s'établir à Turin pour être près de ses enfants ; elle ne peut les voir, puisqu'ils combattent aux avant-postes, mais elle reçoit de leurs nouvelles chaque jour et elle ne rentrera en Lombardie que lorsque l'armée franco-sarde y pénétrera elle-même, la baïonnette en avant.

Ne croyez pas que cette femme soit une matrone de l'ancienne Rome. Toutes ses journées se passent dans les craintes et dans les larmes. A chaque instant elle redoute une sinistre nouvelle, et toute lettre inattendue la fait trembler. Comme elle est très-pieuse, elle fait dire chaque matin deux messes pour que Dieu détourne de la poitrine de ses fils les balles autrichiennes. Nous voilà bien loin, vous le voyez, des prétendus sacripans dont parlent quelques feuilles amies de l'Autriche.

A vous parler franchement, les sacripans ne m'eussent point effrayé, alors surtout qu'il s'agissait de combattre les soldats de Giulay, et à mon premier passage à Turin, en rencontrant sous les arcades tous ces jeunes gens, j'allais dire ces enfants, qui se préparaient à aller combattre sous les ordres de Garibaldi, je me demandais s'il n'eût pas été à souhaiter que les feuilles dont je parlais tout à l'heure eussent dit la vérité; mais aujourd'hui il ne reste plus aucun doute sur le courage, la force morale et la détermination de ces jeunes nobles accourus de tous les points de l'Italie. Pleins de confiance dans leur chef, ils le suivent partout où il veut les conduire, et ils ne cessent de harceler l'ennemi nuit et jour. Pas une heure de repos; toujours en marche, et toujours le fusil sur l'épaule. En moins d'un mois, ces enfants sont devenus de vieux soldats. Ils ont tout abandonné, eux, les héritiers d'un grand nom et d'une grande fortune, pour la servitude, la gamelle et la dure couche du camp. Ces ducs, ces marquis, ces comtes, ces derniers rejetons des plus vieilles tiges patriciennes, ils se sont fait les plus simples soldats de l'indépendance! Qu'on leur épargne donc le dédain et l'injure, à ces fiers enfants que suit de loin le regard inquiet de leurs mères; que la calomnie respecte au moins ces nobles cœurs qui seront l'éternel honneur de la patrie italienne!

Alexandrie, 21 mai.

Quand cette lettre vous parviendra, il y aura longtemps déjà que l'électricité vous aura porté la nouvelle d'une victoire. Nous repassons par les chemins qu'ont frayés nos pères, et comme eux nous marquons nos étapes par de glorieux combats. La journée du 20 mai 1859, signalée par une seconde victoire de Montebello, inaugure glorieusement la campagne qui s'ouvre en Italie.

Hier matin, vers midi, on entendait distinctement le bruit répété du canon dans la direction de Tortona et de Voghera, et une personne que j'ai vue ce matin, venant de Turin, m'assurait que le bruit de la canonnade est parvenu jusqu'à elle au moment où elle se trouvait sur la montagne de la Superga. A six heures du soir, on parlait déjà à Alexandrie d'une affaire engagée dans la matinée entre les Autrichiens et les troupes alliées ; mais on ne connaissait encore aucun détail, et l'on courait de l'un à l'autre, tout le monde interrogeant et personne ne pouvant répondre. L'Empereur revenait de Marengo, où il était allé visiter le célèbre champ de bataille. Une demi-heure après, on savait que la victoire était à nous, mais que la lutte avait été acharnée et que nous avions à déplorer des pertes cruelles.

Voici ce qui était arrivé :

Un corps d'armée de quinze mille Autrichiens s'était avancé de Stradella, bourgade placée sur l'extrême frontière piémontaise, et s'était dirigé vers Casteggio et Montebello, occupés par la cavalerie sarde. Casteggio est un bourg de trois mille âmes, près du torrent Cappa, qui se jette dans le Pô. Ce bourg touche à Montebello, où se livra le 9 juin 1800, quelques jours avant la bataille de Marengo, la bataille gagnée sur les Autrichiens par Lannes et Victor. La cavalerie sarde, commandée par le brillant colonel de Sonnaz, soutint vigoureusement le choc de l'ennemi. Mais le nombre des Autrichiens grossissant toujours, elle reçut l'ordre de battre en retraite et se retira en bon ordre, disputant le terrain pied à pied, afin de donner aux Français, qui venaient d'être prévenus, le temps d'arriver.

En effet, le maréchal Baraguey d'Hilliers, installé à Voghera, entendant retentir le canon, donna l'ordre à la division Forey de se transporter aussitôt à Casteggio et à Montebello, dont les Autrichiens s'étaient emparés. Là commença un combat acharné, qui dura six heures. L'ennemi avait sur nous la supériorité du nombre : 15 000 hommes contre 5 000 ; mais nos soldats avaient pour eux l'élan, et le grand souvenir de Montebello. On se canonna pendant cinq heures ; les officiers, voulant modérer l'ardeur de nos troupes, leur avaient ordonné de se servir du fusil et de tirer de leurs rangs. Au dernier moment nos régiments s'élancèrent avec une impétuosité terrible, se précipitèrent la baïonnette en avant, culbutèrent l'ennemi, et entrèrent triomphants dans Montebello !

Tout le monde parle ici de la belle conduite du général Forey, qui a fait preuve d'un grand sang-froid et d'une grande habileté. Nos régiments ont montré toute l'ardeur, toute l'intrépidité qu'on attendait d'eux. Parmi nos soldats, beaucoup n'avaient pas encore vu le feu, mais on ne pouvait distinguer, tant la fougue était unanime, le conscrit du vétéran. N'oublions pas non plus nos alliés, les cavaliers sardes, qui ont fait vaillamment leur devoir et se sont battus en hommes de cœur. Le commandant de la cavalerie légère, le colonel Morelli, a été mortellement frappé au milieu de l'action.

Nous avons fait des pertes cruelles, ainsi que je vous le disais au début de cette lettre. Nous comptons parmi les morts un général de brigade et deux commandants. Quatre colonels français et un chef de bataillon sont blessés, mais on espère qu'ils survivront à leurs blessures. Nous avons eu en tout, en comptant les pertes essuyées par la cavalerie piémontaise, deux cents morts et trois cents blessés. C'est beaucoup sans doute, et bien des yeux se mouilleront en France à la lecture du bulletin qui apportera la nouvelle de cette victoire. Mais c'est le destin! les victoires ne s'achètent qu'au prix du sang versé!

Quant à l'ennemi, on ne connaît pas encore au juste le nombre de ses morts, mais on sait que ses pertes sont considérables. Les prisonniers autrichiens faits dans ce combat ont été immédiatement dirigés sur Voghera. Dès hier au soir l'ennemi était en pleine retraite, pour ne pas dire en déroute. On a appris ici que l'empereur d'Autriche, arrivé la veille à Milan, était à Pavie pendant le combat, c'est-à-dire à quelques pas de Montebello. On avait voulu signaler son arrivée par un fait d'armes éclatant pour les aigles autrichiennes, mais c'est le contraire qui a eu lieu. L'empereur François-Joseph était, dit-on, accompagné du feld-maréchal Hess.

Si j'apprends de nouveaux détails d'ici à demain, je m'empresserai de vous les envoyer par le prochain courrier.

Alexandrie, 22 mai.

Je suis mieux renseigné aujourd'hui qu'hier sur le combat de Montebello. J'ai causé avec des témoins oculaires, avec des hommes qui ont glorieusement pris part à l'action de la journée du 20 mai.

Casteggio et Montebello étaient, ainsi que je vous l'ai dit, occupés par la cavalerie légère piémontaise, 200 hommes environ, dont 50 tout au plus à Casteggio. Une partie de ces 50 cavaliers étaient allés en reconnaissance sur la route qui mène de Casteggio à Stradella, croyant, d'après les rapports arrivés le matin, qu'ils n'auraient affaire qu'à quelques patrouilles d'Autrichiens.

Tout à coup, les cavaliers se trouvent en face de forces comparativement formidables. Ils se replient sur Casteggio en bon ordre, pendant qu'un cavalier part en avant pour donner l'alarme au colonel de Sonnaz. Celui-ci dépêche une estafette au maréchal Baraguey d'Hilliers, établi à Ponte Curone, et non à Voghera, ainsi que je vous l'écrivais hier. On rassemble au plus vite la division Forey, dont les régiments sont disséminés sur la route de Voghera à Casteggio. Le colonel Cambriels, qui a été officier d'ordonnance de l'Empereur, prend à la hâte de 200 à 250 hommes, et se porte au pas accéléré vers Montebello, qui venait d'être envahi par des masses d'Autrichiens. Là, un combat héroïque s'engage entre cette petite colonne et l'armée ennemie. Attaqué de tous les côtés à la fois, le colonel Cambriels forme ses hommes en carré et se défend comme un lion. Ses soldats tombent autour de lui, mais les lignes du carré se resserrent à mesure que les balles et les boulets y font des trouées. Ce combat inégal dure une demi-heure, et le colonel et ses hommes n'ont pas lâché pied.

Le général Forey, qui a rassemblé sa division, arrive assez à temps pour que cette poignée de braves ne soient pas entièrement perdus. La division Forey se compose du 74ᵉ et du 84ᵉ régiment, qui forment la première brigade, commandée par le général Beuret; du 91ᵉ et du 98ᵉ, qui forment la seconde brigade, commandée par le général Blanchard, et du 17ᵉ bataillon de chasseurs à pied; en tout, de 5500 à 6000 hommes. De toutes les divisions de l'armée, la division Forey est la plus faible par le nombre. Cette division, partie la première de France, n'a pas encore reçu les soldats en congé renouvelable qui devaient compléter son effectif.

Le général Forey se trouve donc avoir 15 000 Autrichiens à combattre avec 6000 hommes. Pour comble de malheur, le sol détrempé ne lui permet pas de faire usage de son artillerie. Il a deux batteries et ne peut se servir pendant tout le combat que de quatre pièces, deux dans la plaine attelées et deux autres montées à bras sur un monticule. Les Autrichiens sont maîtres de la position. Casteggio est à eux, et ils sont appuyés sur Montebello. Nous avons contre nous le sol défoncé par les pluies torrentielles de ces derniers jours et l'infériorité du nombre. Les Autrichiens mettent en ligne toute leur artillerie et lancent dans les rangs français des volées de boulets. Pendant cinq heures on se canonne et on se fusille de part et d'autre à une distance de deux cents mètres, lorsque les nôtres, n'écoutant plus que leur élan, se précipitent à la baïonnette sur les premiers rangs de l'armée autrichienne et les culbutent. Nos soldats, emportés par ce premier succès, entrent dans Montebello au pas de charge; mais là ils trouvent des troupes autrichiennes qui n'ont pas encore donné et qui leur opposent une forte résistance. Le combat recommence à la baïonnette, et l'on fait littéralement le siége de la bourgade rue par rue, maison par maison. Après une demi-heure de cette lutte acharnée, l'ennemi perd pied et se débande : Montebello est à nous.

La cavalerie piémontaise, qui pendant le combat a donné avec une intrépidité que tout le monde reconnaît, sabre les derniers fuyards et fait des prisonniers. C'est au moment où le combat finissait, et où nos soldats, transportés de joie d'avoir repoussé un ennemi trois fois supérieur en nombre, criaient victoire, qu'une balle perdue vint frapper au front l'infortuné général Beuret, qui tomba roide mort.

Vous savez les noms des officiers tués ou blessés. Parmi les premiers, il en est un, le chef de bataillon Duchet, que j'avais vu à Gênes et à qui j'avais serré la main quelques jours auparavant à Alexandrie. « S'il se passe quelque chose d'intéressant de notre côté, m'avait-il dit, je vous écrirai. » Il est mort à la tête de son bataillon d'une balle reçue en pleine poitrine.

Pendant cinq heures nos troupes ont essuyé le

eu d'un ennemi qui avait l'avantage de la position et du nombre. Nos pertes sont grandes, mais celles des Autrichiens sont bien plus considérables : le nombre de leurs morts et de leurs blessés dépasse deux mille hommes. Nous leur avons fait près de cinq cents prisonniers, et ils ne nous ont pas pris un homme. « Pas seulement une casquette, » disait un soldat.

Le soir nous occupions non-seulement Montebello, mais aussi Casteggio, et l'ennemi en pleine déroute rebroussait chemin du côté de Stradella. L'empereur François-Joseph, arrivé le matin même à Pavie, apprenait que la victoire qui lui avait été promise pour fêter sa bienvenue s'était changée en défaite.

Tous les officiers et tous les soldats parlent avec les plus grands éloges du général Forey, dont l'intrépidité et le sang-froid ont été admirables. Hier matin, l'Empereur s'est rendu sur le champ de bataille, encore jonché des cadavres ennemis, et qu'il a parcouru à cheval, accompagné du maréchal Baraguey d'Hilliers. Le général Forey avait reçu la veille, sur le fourreau de son sabre, une balle dont le contre-coup avait produit une contusion; il s'avança vers l'Empereur en traînant un peu la jambe. L'Empereur se précipita dans ses bras et l'embrassa.

L'Empereur embrassa également le vaillant colonel Cambriels.

La portée morale de ce combat de Montebello est immense. Nos soldats n'ont pas dégénéré : ils sont ce qu'ils étaient sous la République et le premier Empire. 5000 hommes rassemblés à la hâte et battant 15 000 ennemis qui avaient pris toutes leurs dispositions et juré de vaincre, n'est-ce pas un heureux présage du succès promis à nos armes dans la campagne qui commence ? La nouvelle de cette victoire a excité dans tout le Piémont un enthousiasme universel. Nos soldats sont radieux de ce premier succès, enchantés de la bravoure de leurs camarades les Piémontais, et ils se préparent à aller en avant aussitôt que l'ordre sera donné. Cette petite bataille de Montebello, je vous le répète, est pour nos armes un renfort moral qui vaut mieux qu'un renfort matériel de 50 000 hommes.

Ce soir, vers dix heures, je me promenais sur la grande place qui fait face à la gare du chemin de fer, lorsque j'aperçus des torches se dirigeant vers la ville. Ces torches éclairaient un convoi de blessés portés sur des brancards. Les soldats attirés par ce triste spectacle se découvraient pieusement devant leurs frères d'armes mutilés. La population était muette et attendrie. La joie qu'avait provoquée dans la journée la nouvelle de la victoire de Montebello fit place à la pitié et à la douleur. Ce sombre cortége, défilant à la fin d'un jour de fête et d'enthousiasme, apparaissait comme le revers de la médaille, comme la coulisse de la victoire !

Alexandrie, 23 mai.

Les blessés du combat de Montebello (je parle de ceux qui n'ont reçu que des blessures légères) ont été, hier, les lions de la journée. On a été les visiter à l'hôpital, causer avec eux et leur porter toutes les petites douceurs qui pouvaient leur être agréables. Les dames d'Alexandrie se sont particulièrement distinguées dans le service de ce pieux devoir. Elles ont envoyé des ballots de charpie, du linge, des chemises; elles ont porté elles-mêmes à ces malheureux des oranges, des confitures, du sucre, des sirops; et tous ces dons, offerts avec une gracieuse délicatesse, ont été acceptés avec reconnaissance par nos soldats mutilés, mais non abattus, car la plupart avaient conservé toute leur belle humeur accoutumée.

J'ai recueilli de la bouche même de quelques blessés certains détails épisodiques de la journée du 20 mai. Un simple soldat du 84ᵉ régiment de ligne a fait seize prisonniers à lui seul, non en bloc, bien entendu, mais les uns après les autres; un sous-officier a reçu dix-sept blessures, et l'on espère qu'il survivra. Un voltigeur se rencontre face à face avec un major autrichien qui lui casse le bras gauche d'un coup de pistolet; de son bras droit, le voltigeur prend son fusil dont il se sert comme d'une lance et enfonce sa baïonnette dans la poitrine du major; il lui enlève ensuite son ceinturon et son shako et s'affaisse au bord d'un champ de blé, où on le trouve après le combat serrant avec tant de force de sa main droite shako et ceinturon qu'il fallut le placer sur une civière avec ses dépouilles opimes.

Alexandrie avait hier un air de fête. L'Empereur s'est promené pendant assez longtemps sur la piazza Reale en costume de général et en képi, au milieu de la population qui lui fait toujours le plus chaleureux accueil. A tout instant des régiments et des canons se dirigeaient vers le chemin de fer qui conduit à Casale. On parlait en effet d'un grand mouvement de troupes qui s'exécute en avant vers la ligne du Pô. J'avais formé le projet dans la matinée d'aller à Voghera et de là à Montebello ; mais le chemin de fer étant exclusivement réservé ce jour-là au transport des troupes et du matériel, il me fallut rester toute la journée à Alexandrie. Vers trois heures, il nous arriva de Turin un bulletin qui annonçait que le général sarde Cialdini venait de se distinguer à Borgo Vercelli, où il était établi, à la tête des bersaglieri, des cavaliers d'Alexandrie et du régiment de Royal-Piémont, après avoir mis en pleine déroute les avant-postes autrichiens.

Le colonel autrichien fait prisonnier est mort des suites de sa blessure. On a pris aussi une vingtaine d'officiers ennemis, et on les traite avec tous les égards dus à leur position malheureuse. Après le combat, ces officiers avaient été placés dans une grange. Un officier français qui parle allemand vint les voir et leur dit, de la part de l'Empereur, qu'ils n'avaient à redouter aucun mauvais traitement; il mit à leur disposition des cigares, du café, du vin, et leur demanda ce dont ils avaient besoin. Un seul de ces officiers se leva, répondit avec aménité et pressa même la main de l'officier français, mais les autres restèrent assis et ne répondirent pas un mot. Un officier, Hollandais de naissance, qui a pris du service dans l'armée autrichienne, n'ouvrit la bouche que pour déclarer d'un ton rogue qu'il n'avait besoin de rien et qu'il ne voulait rien. Les prisonniers autrichiens, officiers et soldats, ont été dirigés sur Voghera et de là à Alexandrie, où ils furent enfermés dans la citadelle. On assure qu'ils ont été conduits à Gênes hier matin et qu'on doit les embarquer pour Marseille.

Tous les renseignements que j'ai pris depuis deux jours confirment ce que je vous disais hier relativement aux pertes de l'ennemi. Deux mille soldats ont été mis hors de combat, et les blessés autrichiens qu'on a amenés ici sont presque tous frappés par la baïonnette, « l'arme terrible de l'infanterie française. » Quant aux nôtres, ils n'ont pas laissé un prisonnier, et ce fait, tout invraisemblable qu'il paraisse, est de la plus stricte vérité.

Un officier qui a pris part au combat de Montebello me dit que tous les villages de la frontière sont littéralement abandonnés par les habitants. La terreur qu'inspirent les troupes autrichiennes à ces populations inoffensives est telle que tous les villageois ont émigré, emportant sur des charrettes leur pauvre mobilier, leur linge, et jusqu'aux portes des maisons et aux contrevents des croisées. A Montebello, il ne restait plus personne quand l'ennemi y est entré. Cette petite bourgade était silencieuse comme une nécropole. En un clin d'œil la population avait plié bagage, effrayée par les récits des dévastations de la Lomelline. Deux fois en un demi-siècle les malheureux habitants de Casteggio et de Montebello ont vu leurs maisons criblées de balles, leurs champs de blé piétinés par les chevaux et foulés par les canons et les caissons d'artillerie. Ces fécondes provinces, dont les villes aux noms sonores sont comme la glorieuse guirlande de notre histoire, ont été broyées dans tous les temps sous le choc des armées venues du Nord, par les deux côtés des Alpes.

Hier, au moment où l'Empereur sortait du théâtre Municipal, où l'on jouait un petit drame français estropié en italien, et qui fit les beaux soirs de la bienheureuse année 1833, *Un duello d'al tempo del cardinale Richelieu*, le bruit se répandit tout à coup que l'action était vivement engagée sur toute la ligne française. On vit aussitôt les officiers de l'état-major monter à cheval et piquer de l'éperon dans toutes les directions. Les chevaux de l'Empereur sortirent sellés et harnachés du palais royal et furent conduits au chemin de fer. Tous les chefs reçurent l'ordre de se tenir prêts. Mille récits se croisaient dans l'air. On se battait, disait-on, à Casale, à Valenza et à Voghera. Les troupes restées à Alexandrie étaient sous les armes. La moitié de la population passa une nuit blanche. A trois heures de la nuit, les zouaves de la garde montaient en wagons et étaient presque aussitôt rappelés. Ce matin on ne savait encore rien de positif, et à neuf heures les chevaux de l'Empereur, qui étaient restés tout sellés à l'embarcadère, étaient ramenés à leur écurie.

Au moment où je vais jeter cette lettre à la poste, j'apprends, après avoir demandé des renseignements à tout le monde, que l'affaire se passe du côté de Vercelli, entre les Piémontais et les Autrichiens, qui se canonnent depuis hier au soir. On me dit que le roi Victor-Emmanuel, sûr de la position, a fait savoir qu'il n'avait pas besoin de secours, et c'est ce qui expliquerait les ordres et les contre-ordres de cette nuit. Les Autrichiens et les Piémontais sont séparés par la Sesia, et ils s'envoient des volées de boulets d'une rive à l'autre rive. Cette canonnade doit être, il me semble, la suite de l'affaire si brillamment engagée hier par le général sarde Cialdini. Il est peu probable que je puisse avoir aujourd'hui des détails circonstanciés sur ce combat de Vercelli avant le départ du courrier, mais le télégraphe vous aura renseigné longtemps avant l'arrivée de ma lettre.

Soyez certain que nous sommes à la veille d'un engagement décisif. Les Autrichiens sont très-solidement établis de l'autre côté du Pô, et ils ont un corps d'armée en deçà dans les environs de Stradella. Chaque jour nos divisions avancent, et notre armée va très-incessamment se trouver en face de l'armée autrichienne. C'est peut-être vers Stradella que se donnera la grande bataille qui précédera le passage du fleuve, ce grand obstacle qu'il nous faut surmonter. Une fois le Pô franchi, soit à Stradella, soit partout ailleurs, la plus forte besogne est accomplie, et Milan est à nous.

Turin, 24 mai.

La nouvelle que j'ai reçue de vous aujourd'hui, mon cher monsieur, et d'après laquelle les fonds autrichiens sont arrivés à Paris en hausse de deux francs le lendemain du combat de Montebello, a excité une vive hilarité dans notre petit groupe. Les Autrichiens sont battus et contents, voilà tout ce que cela prouve. Si jamais ennemis ont été vigoureusement repoussés, ce sont ceux-là. Ils étaient 15 000 hommes, ils avaient douze pièces d'artillerie; les Français n'avaient que 6000 hommes et quatre canons. Après un combat de six heures, nos troupes ont délogé les Autrichiens de toutes leurs positions, leur ont fait 500 prisonniers, tué ou blessé 2000 soldats, et sont finalement restées maîtresses du champ de bataille. Ce qui nous a manqué pour que la victoire fût véritablement fructueuse, c'est la cavalerie.

La cavalerie sarde, qui s'est admirablement conduite dans l'action, était trop peu nombreuse pour pouvoir poursuivre 13 000 fuyards qui jetaient leurs sabres et leurs fusils afin d'être plus légers à la course, car on a ramassé un nombre considérable de fusils, de sabres et de sacs jetés par l'ennemi dans les fossés, sur les routes et dans les champs de blé. Maintenant, que l'Autriche brise toutes les cloches pour donner le change à l'opinion, qu'elle fasse chanter à Vienne et ailleurs des *Te Deum* d'actions de grâces pour remercier le Dieu des armées, cela fait l'éloge de sa résignation et de son bon caractère.

Votre lettre, qui m'était adressée à Turin, m'a été apportée par un ami à Alexandrie, et je l'avais à la main lorsque, traversant la piazza Reale, je rencontrai un lieutenant-colonel de ma connaissance. « Vous ne savez peut-être pas ce qu'on fait à Vienne en ce moment ? lui dis-je. — Non ! — On chante le *Te Deum*. — A quel propos ? — A propos de la victoire de Montebello remportée par les Autrichiens.... — S.... tonnerre ! Est-ce possible ? » Et le voilà qui éclate et se met dans une colère à tout briser. « Des maroufles, criait-il de toute la force de ses poumons, des chenapans qui étaient trois contre un et à qui nous avons administré une incontestable *raclée*, se permettent de chanter le *Te Deum?* Nous leur en donnerons, des *Te Deum!* » Le lieutenant-colonel était superbe; et si, dans ce moment, l'Autriche n'avait eu qu'une tête à la portée de son sabre, je vous déclare qu'elle aurait été promptement décapitée.

J'ai quitté Alexandrie ce matin. Alexandrie est une ville dont il ne faut pas abuser depuis que sa population a triplé. Quand on y est resté trois jours de suite, on éprouve le besoin d'aller se retremper dans les environs. Les deux seuls hôtels un peu convenables de cette ville ayant été mis en réquisition pour loger les officiers supérieurs, je n'ai pu trouver l'hospitalité que dans une auberge, *l'albergo della Europa*, tenue par un certain Pietro, qui, ne sachant plus à qui répondre au milieu de la confusion causée par ses innombrables convives, met le fromage dans les épinards et le sucre dans le potage.

Ceci ne serait rien si les chambres de *l'albergo* ne s'ouvraient sur une vaste basse-cour peuplée d'animaux domestiques et encombrée de fumier.

— Quand on se plaint à Pietro, Pietro répond qu'il a plus de voyageurs qu'il n'en demande et vous envoie promener. J'ai suivi le conseil de Pietro.

Cependant, avant de partir, j'ai joué un vilain tour à Pietro. Sans aucun souci de la dignité de sa patrie, Pietro a eu la prétention de rançonner ses hôtes, et il a élevé le tarif de ses chambres de un franc à six francs. Je n'ai pas soufflé mot quand il m'a présenté sa note sur une assiette, selon la mode du pays, mais je me suis rendu chez le grand prévôt, qui est, comme vous le savez, en temps de guerre, le juge souverain de toutes les contestations. Le grand prévôt a fait savoir à Pietro qu'il l'autorisait à porter à trois francs par jour le prix de ses chambres, mais que, s'il exigeait un sou de plus, son établissement serait immédiatement fermé. Pietro n'a pas hasardé la moindre observation. Je dois même dire à sa louange qu'il a confessé ses torts, et nous nous sommes séparés les meilleurs amis du monde.

Ce matin, au moment où j'arrivais à Turin, toute la ville se dirigeait vers la rue du Pô, pour assister au défilé d'un régiment de lanciers venant de Suze. Les vivat, les cris : *Vive la France!* ont accompagné nos soldats jusqu'au quartier de cavalerie où ils sont momentanément casernés. Les dames placées aux fenêtres et aux balcons agitaient leurs mouchoirs comme des drapeaux, et les bouquets de fleurs pleuvaient sur nos escadrons. Après le passage du régiment, un jeune officier resté en arrière rejoignait au petit trot sa compagnie; mais il n'avait pas fait vingt pas dans la rue que la pluie de bouquets recommença en son honneur. Notre officier, un peu surpris d'abord de cette démonstration inattendue, ne sait trop quelle contenance tenir, mais tout à coup il met pied à terre, ramasse un des bouquets qui jonchent le sol, salue les dames et, se remettant lestement en selle, il lance son cheval au galop et part au milieu des applaudissements.

A peine arrivé à Turin, je suis à la fois désappointé et réjoui par les nouvelles que j'y apprends. J'étais venu ici avec l'intention de partir ce soir pour Arona : un député du parlement sarde, ami de Garibaldi, m'avait offert de me conduire au camp du célèbre chef des volontaires, et vous comprenez avec quelle joie j'avais accepté cette proposition; mais les nouvelles arrivées ce matin ajournent notre voyage. On dit que Garibaldi a quitté Arona, traversé le lac Majeur, et qu'il s'est emparé des deux vapeurs autrichiens, *le Benedek* et *le Radetzki*, mouillés dans le port de Laveno. Garibaldi ne doute de rien, et la preuve en est qu'il enlève des navires à la pointe du sabre. Le voilà maintenant commandant sur terre et sur mer, amiral et général tout à la fois. Il a jeté une partie de ses compagnies dans les montagnes du Varese, dont les populations s'insurgent aux cris de : *Vive l'Italie !* L'Autriche enverrait contre ces intrépides volontaires, embusqués dans les gorges de ces montagnes une armée de vingt mille hommes, qu'elle ne réussirait pas à les débusquer.

Les nouvelles du théâtre de la guerre étant à peu près nulles aujourd'hui, j'ai été visiter la Superga, ce Saint-Denis aérien des rois de Sardaigne. Cette église tire son nom de l'emplacement élevé qu'elle occupe *super terga montium*. On y arrive après deux heures de marche, par d'impraticables sentiers qui semblent avoir été frayés par des chamois en belle humeur. La plus solide charrette traînée par les chevaux les plus vigoureux ne pourrait passer par ces chemins défoncés, et je me demande à quel mode de locomotion inconnue on a recours pour transporter à leur dernière demeure les princes de la maison de Carignan. Du haut de la plate-forme la vue est d'une merveilleuse splendeur; en se tournant du côté de Turin, qui étend sur les bords du Pô ses toits de briques rouges, on aperçoit tout au bout du chemin de fer, qui se prolonge comme un long ruban blanc à travers des prairies immenses, la grosse tour de Rivoli, et même le col de Suze.

Les Alpes découpent sur un fond de ciel bleu leurs arêtes aiguës, leurs pics ébréchés, leurs glaciers étincelants, depuis le mont Viso jusqu'au delà du massif du mont Rose, et c'est un spectacle peut-être unique au monde, le spectacle de ces grandes montagnes offrant, de l'endroit où l'on est placé, l'aspect bizarre d'animaux difformes : des éléphants à trois pieds, des mastodontes sans tête, des béhémoths à quatre visages, une foule d'êtres non prévus par la zoologie. A gauche, les Apennins, dont les cimes couronnées de nuages semblent onduler comme des vagues, puis des centaines de villages éparpillés dans la plaine du Piémont; puis dans le lointain, au sud, les plaines de la Lombardie; puis enfin le dôme de Milan, dont les flèches étincèlent à l'horizon : un tel panorama vaut bien deux heures de fatigues !

Quant à la Superga, je n'ai rien à en dire, c'est le dôme des Invalides en raccourci. Quelques tombeaux sont d'une belle architecture, et celui de Charles-Albert est particulièrement d'un grand style. En lisant les inscriptions tumulaires, je suis étonné du grand nombre de rois sardes qui ont volontairement abdiqué. Ces rois des Alpes, dont les États sont le plus rapprochés du ciel, éprouvent-ils plus facilement que les autres souverains le dégoût des choses de la terre?

En rentrant le soir à Turin, j'apprends que sir James Hudson, ambassadeur d'Angleterre à la cour de Piémont, vient de recevoir de son gouvernement l'ordre de partir pour Naples. On dit ici que sir James a pour mission d'engager le nouveau roi à adhérer au mouvement italien.

Hier, on a donné au théâtre de Carignan un drame de circonstance qui a pour titre *Marengo*, et dont le succès a été énorme. Ce drame est le récit mouvementé de la bataille, enjolivé de quelques épisodes romanesques. L'acteur qui représentait le personnage du malheureux général de Zach, chef d'état-major de Mélas, n'a pas été plus heureux que l'acteur génois qui jouait dans le *Siége d'Alexandrie* le rôle de l'ambassadeur autrichien. Le général de Zach, fait prisonnier à la suite de la brillante charge de cavalerie de Kellermann, paraît devant le premier consul. A son entrée en scène, l'infortuné M. de Zach a été salué par trois bordées de sifflets si bien nourris qu'il n'a pu dire une parole. Le premier consul, pour ne pas prolonger le supplice de M. de Zach, lui fit spirituellement signe de se retirer, et la suite de la pièce ne fut plus interrompue que par le bruit des applaudissements.

Un acteur a lu, après la représentation du drame, une ode italienne dédiée à Napoléon III, et que le public a accueillie avec la plus grande faveur.

Alexandrie, 25 mai.

Le départ de l'Empereur pour Voghera, qui devait avoir lieu hier à deux heures, a été presque aussitôt contremandé. J'ai donc retrouvé Alexandrie dans l'état où je l'avais laissée avant-hier au soir, c'est-à-dire aussi encombrée de troupes, de chevaux, de caissons, de canons et de charrettes de transport; mais, dans le trajet de Turin à Alexandrie, j'ai pu constater, une fois de plus, l'amour sincère du peuple piémontais pour le roi Victor-Emmanuel. Le bruit s'était répandu hier, à Turin, que le roi avait été grièvement blessé dans une reconnaissance du côté de Borgo Vercelli, et cette nouvelle avait jeté la consternation dans la ville; on apprit fort heureusement dans la soirée que ce n'était pas le roi, mais un officier placé à côté de lui qui avait eu le bras mutilé par un éclat de boulet.

Ce matin, quand le premier convoi venant de Turin traversa la voie, il trouva la population rassemblée aux différentes stations. A Moncalieri, à Asti, à Annone, à Felizzano, à Solero, partout on se précipitait vers les wagons pour demander des nouvelles de la santé du roi et s'il était vrai qu'il fût blessé. Les paroles rassurantes dites à ces braves gens faisaient aussitôt succéder la joie à l'inquiétude qui contractait leur visage, et c'étaient de toutes parts des cris *Viva il re!* cris partis du cœur, explosion d'un sentiment profondément vrai. Voilà un souverain heureux. Il n'a qu'un petit royaume de cinq millions d'âmes, mais comme toutes ces âmes lui sont dévouées!

Du reste, on se plaint beaucoup à Turin, et dans tout le Piémont de la témérité du roi, surtout depuis la publication des deux avant-derniers bulletins, annonçant qu'il avait dirigé en personne deux reconnaissances, suivi d'un petit nombre d'officiers et de soldats. Victor-Emmanuel veut exalter l'ardeur de son armée en payant de sa personne et en s'exposant presque chaque jour aux balles et aux boulets de l'ennemi; c'est très-beau, très-noble, très-chevaleresque, mais s'il est, comme il l'a dit dans sa proclamation à son peuple, « le premier soldat de l'indépendance italienne, » on lui reproche de ne pas assez se souvenir qu'il est aussi le général en chef de l'armée piémontaise.

Avant-hier au soir, vers sept heures, on a vu arriver ici un second convoi de prisonniers autrichiens. Dix mille personnes au moins s'étaient portées sur la grande place du débarcadère. Ces malheureux prisonniers étaient pâles, abattus, exténués et mal vêtus. Ils marchaient la tête basse et silencieux, traversant les flots de la population silencieuse. On reconnaissait parmi eux des Hongrois, des Tyroliens et des hommes de la Moravie. Six gendarmes à cheval, le pistolet au poing, précédaient ce triste cortége fermé par six chasseurs également armés de pistolets. Les officiers autrichiens pris au combat de Montebello suivaient dans des voitures. Quelques-uns étaient blessés. Un très-jeune officier hongrois cachait son visage dans ses mains pour se dérober à la curiosité avide, trop avide de la foule. Ils allèrent ainsi, accompagnés par des milliers d'individus, jusqu'à la citadelle, qui se referma heureusement sur eux. Ils purent être seuls avec leur infortune.

Le peuple piémontais, qui a tant souffert dans les biens et les personnes des habitants de la Lomelline, n'est pas disposé à la miséricorde envers ces soldats vaincus, dans lesquels il ne voit que les persécuteurs de la veille; mais nos soldats, échelonnés sur le chemin parcouru par ces malheureux, étaient visiblement émus et contemplaient ce spectacle avec une profonde compassion.

Le même soir, à dix heures, un nouveau convoi venant de Voghera amenait des blessés français et des blessés ennemis placés dans les mêmes wagons et soignés par les mêmes chirurgiens. On les descendit avec la plus grande précaution des wagons et on les étendit d'abord sur des matelas alignés dans la gare du chemin de fer. Nul ne se plaignait, et quelques-uns, tâchant de se soulever, causaient avec des amis. Un chasseur d'Afrique, qui avait reçu un coup de feu dans la cuisse et un coup de sabre sur le bras, appela un caporal de la ligne et le pria de lui mettre dans la bouche un cigare allumé. Un officier de zouaves, voyant un soldat autrichien dont la tête fendue était couverte d'un linge sale plein de sang, détacha ce linge avec précaution et enveloppa de son mouchoir la tête du blessé, qui, sans dire un mot, lui pressa la main avec effusion. Des soldats allaient aussi de l'un à l'autre, demandant à chacun s'il avait besoin de quelque chose, s'il voulait être changé de position; et tout cela se faisait simplement, discrètement, avec le zèle et l'intelligente compassion des sœurs de charité.

De la gare, on transporta les blessés sur des brancards-lits à l'hôpital divisionnaire. Des soldats, portant des torches de résine, ouvraient la marche et faisaient ranger la foule, non moins nombreuse qu'à l'arrivée des prisonniers. Les soldats ayant ôté leur képi au passage des premiers brancards, le public tout entier se découvrit devant ces glorieux mutilés des deux armées confondus dans les mêmes soins et le même respect. Le cortége, suivi des blessés qui pouvaient aller à pied, fut pieusement conduit par toute la population jusqu'à l'hôpital.

Parmi les prisonniers et les blessés autrichiens, il y avait de très-jeunes gens; on pourrait presque dire des enfants. Le convoi était à peine installé à l'hôpital qu'un jeune garçon tyrolien de seize ans fut appelé devant le chirurgien-major qui lui ordonna de se déshabiller pour qu'on pansât sa blessure. « Ma blessure! répondit le Tyrolien; je ne suis pas blessé; j'ai vu tomber à côté de moi deux de mes camarades, et je me suis laissé tomber; on m'a mis avec les blessés après l'affaire, et, ne me trouvant pas mal avec eux, je suis resté. » Cet ingénieux militaire fut immédiatement transféré de l'hôpital à la citadelle.

Le lendemain de leur arrivée, l'Empereur a fait distribuer dix francs à chaque soldat prisonnier et cent francs à chaque officier. On dit, et je le crois sans peine, qu'ils sont à la fois étonnés et ravis d'être si bien traités. Leurs chefs leur avaient fait accroire que s'ils étaient pris pendant la bataille, les Français les roueraient de coups de bâton. Ces malheureux ont avoué qu'on leur distribuait au camp autrichien des rations de deux jours pour cinq jours, et qu'encore ils étaient très-contents, attendu qu'ils avaient été beaucoup plus chichement nourris avant l'invasion de l'armée autrichienne dans la riche province de la Lomelline.

Puisque les soldats de Giulay mouraient presque de faim au milieu des réquisitions de toutes sortes ordonnées par le général en chef, que faisait-on donc de ces quinze cents bœufs enlevés à Mortara, de ces cinq cents bœufs capturés du côté de Stradella, de ces milliers de sacs de farine, de blé, de riz, pris de vive force à des populations qui sont aujourd'hui complétement ruinées ? Ce qu'on faisait de tout cela ? On le vendait. Un député sarde bien connu, M. Brofferio, qui arrive de Verceil, me racontait hier que des officiers autrichiens, en quittant Verceil, avaient vendu à raison de 7 fr. le sac le blé qui n'avait pu être emporté par leurs fourgons trop pleins. Ils ont fait mieux encore : les acheteurs manquant, des sacs de blé et de riz furent jetés dans la Sesia sous les yeux des malheureux habitants affamés, propriétaires légitimes de ces richesses. Aujourd'hui que l'Autriche s'aperçoit du déplorable effet qu'ont produit dans toute l'Europe les brigandages de son armée dans les provinces envahies du Piémont, elle fait dire par les journaux publiés en Belgique et en Angleterre que tous ces ravages ont été exercés par des Piémontais, qui s'étaient procuré des uniformes autrichiens afin d'exciter contre elle l'animadversion et la haine des habitants. Voilà les belles imaginations des journalistes de S. M. Apostolique et du général Giulay! Or, il faut vous dire qu'aujourd'hui même, nous avions à notre table, à déjeuner, des propriétaires de Verceil qui ont confirmé tous les faits que vous savez aussi bien que moi. Il y a en ce moment à Alexandrie un paysan d'un petit village de la Lomelline dont la sœur, violée par des soldats, est morte au bout de trois jours.

Au moment où je terminais ma lettre, un Italien de nos amis entrait dans ma chambre et me sautait au cou. C'était Joseph Montanelli, cet ancien ministre libéral du grand-duc de Florence, que le grand-duc avait condamné à un perpétuel exil. Montanelli a repris le mousquet qu'il portait à la bataille de Curtatone, et il est enrôlé volontaire dans une compagnie campée à Acqui, petite ville située à deux lieues d'Alexandrie.

J'apprends *d'une source officielle* que les Autrichiens n'étaient pas quinze mille, mais qu'ils avaient un corps d'armée composé de vingt-trois à vingt-cinq mille hommes au combat de Montebello; nous n'avions, nous, que 5600 hommes et cinq cents cavaliers piémontais. Tels sont les chiffres exacts.

Montebello, le 27 mai.

Je vous écris de Montebello, de la maison même qui servit de quartier général au comte de Stadion, et qui est occupée en ce moment par l'état-major du général de division Ladmirault. Aller d'Alexandrie à Montebello dans les circonstances actuelles, ce n'est pas une mince affaire. Le chemin de fer, qui mène jusqu'à Voghera, ne servant qu'au transport des troupes et du matériel de guerre, il nous a fallu, mes compagnons d'aventure et moi, nous mettre en quête d'une voiture, et ce n'est pas sans peine que nous sommes parvenus, tant la carrosserie est rare à Alexandrie, à nous procurer un vieux berlingot attelé de deux vénérables rosses, aussi insensibles aux cris qu'aux coups de fouet du cocher.

A quatre heures du matin, nous franchissons les fortifications, et nous sommes sur la grande route. En arrivant vers Marengo, nous apercevons la fumée des bivouacs des voltigeurs de la garde, campés sur le célèbre champ de bataille. Un factionnaire se promène, l'arme au bras, autour de la statue en marbre du premier consul. Marengo franchi, nous rencontrons, échelonnés de distance en distance, des soldats immobiles et attentifs placés en sentinelles perdues.

Avant d'arriver à Tortone, où sont campés des régiments d'infanterie et de cavalerie, nous trouvons une preuve irréfutable du passage des Autrichiens. Ils ont fait sauter l'arche du milieu du pont du chemin de fer jeté sur la Scrivia et brûlé le pont qui relie la route des voitures. Quelques jours ont suffi pour réparer cette petite espièglerie de l'ennemi.

Voici Ponte Curone, où est en ce moment le quartier général du maréchal Canrobert. Ponte-Curone n'est point une ville de plaisance comme Saint-Cloud, Fontainebleau ou Compiègne; au contraire, c'est la bourgade italienne dans toute sa réalité : une grande rue tournante bordée de maisons basses dont les fenêtres sont enjolivées, pour la plupart, de carreaux de papier ou de parchemin, des ruelles fangeuses et obscures peuplées de femmes qui font la cuisine en plein air sur le pas de leurs portes, de masses d'enfants qui courent, pieds nus, dans les ruisseaux en demandant un sou : voilà le tableau. Je remarquai, en passant, qu'un assez grand nombre de nos soldats aidaient, avec beaucoup de grâce, les dames de l'endroit dans leurs opérations culinaires ; ceux-ci ratissaient des carottes, ceux-là pelaient consciencieusement des oignons. Cet aimable spectacle ne me surprit pas, tant je connais à fond la nature galante et chevaleresque du troupier français.

Voghera, qui est le quartier général du général Mac-Mahon, est, au contraire, une fort jolie petite ville de douze à quinze mille habitants. Elle a une très-belle rue, la *via Emilia*, et de grandes maisons qui rappellent celles de Turin ; hôtels et maisons sont encombrés d'officiers et de soldats. Aux portes de la ville, de petites tentes blanches plantées dans une vaste prairie représentent le camp des zouaves. Des milliers de chevaux attachés aux piquets, des caissons d'artillerie, des canons couchés sur leur affût, des charrettes de transport, des mulets, des régiments de toutes sortes, tout cela constitue une ville à côté de la ville.

Les habitants de Voghera, qui avaient fui dans

toutes les directions à l'approche des Autrichiens, sont revenus le jour même de l'entrée des Français. Nous rencontrons sur la route qui va à Montebello des femmes de la campagne et nous entrons en conversation avec elles. « Avez-vous eu peur quand les Autrichiens sont venus? — Non, monsieur. — Mais vous vous êtes sauvées pourtant? — Oui, monsieur. — Et vous n'aviez pas peur? — Non, monsieur. » Impossible d'obtenir d'elles des éclaircissements plus catégoriques. Les paysans sont les mêmes partout : ils ont la conscience de leur faiblesse intellectuelle, et ils craindraient de dire à des inconnus un mot qui pourrait les compromettre.

Nous voici à Ginestrello où a commencé le combat, et de là nous voyons, perché sur une haute colline, le joli et glorieux village de Montebello. Tous les arbres qui bordent la route de Ginestrello à Montebello sont meurtris par la mitraille autrichienne. De grosses branches sont brisées, d'énormes morceaux de fer ont déchiré les flancs des hêtres et des pommiers. Pas un arbre qui soit intact. C'est de cet endroit qu'on peut se rendre compte du plan de la bataille.

Les Autrichiens étaient échelonnés sur toutes les hauteurs qui dominent la route; ils avaient établi sur des monticules leurs batteries qui prenaient nos troupes en écharpe; pendant que d'autres canons pointés en face de Ginestrello balayaient, dans toute sa longueur, le chemin où nos soldats se trouvaient entassés. Comment est-il sorti un seul Français de cet étroit défilé? Comment nos soldats ont-ils, au contraire, repoussé un ennemi trois fois plus nombreux qui avait en outre l'immense avantage d'une position tout exceptionnelle, voilà ce qu'on ne peut comprendre quand on a visité ce champ de bataille. Pendant cinq heures les Autrichiens, maîtres des hauteurs, mitraillèrent les Français qui pouvaient à peine se mouvoir sur un si petit espace; pendant cinq heures, ceux-ci ne purent riposter que par quatre pièces de canon à l'immense artillerie de l'ennemi; puis vint l'instant où leurs cartouchières étant vides, nos soldats virent qu'il fallait donner l'assaut, et s'élancèrent sur les hauteurs la baïonnette en avant.

Le comte de Stadion, qui venait de quitter le lieu du combat, était monté sur le belvédère de la maison qu'il occupait. Il vit nos bataillons grimper avec tant de fougue qu'il prévit le dénoûment de la lutte et donna immédiatement à son artillerie l'ordre de se retirer. L'artillerie autrichienne fut aussitôt dirigée du côté de Stradella par un chemin de traverse qui passe par derrière Montebello.

Cependant les troupes autrichiennes postées sur les crêtes, voyant les Français grimper de monticule en monticule, se coucher à plat-ventre pour éviter les balles, puis se relever aussitôt et s'avancer au pas de charge ; les Autrichiens, dis-je, ne se sentant plus, en outre, soutenus par leur artillerie, firent une dernière décharge de mousqueterie et lâchèrent pied sans attendre nos soldats. Ceux-ci les poursuivirent, la baïonnette dans les reins, et ceci explique comment la plupart des blessés autrichiens que j'ai vus à Alexandrie sont presque tous frappés par derrière. Un chasseur du 17ᵉ bataillon m'a affirmé qu'il avait tué, pour sa part, huit Autrichiens, et que, sur ces huit fuyards, un seul avait fait mine de se défendre. « Celui-là, ajoutait-il, a au moins eu l'honneur de mourir avec un coup dans le ventre. »

Nos troupes n'étaient pourtant point encore maîtresses de Montebello. Les Autrichiens s'étaient retranchés derrière les murs des jardins, à l'angle des rues, et de là ils faisaient des décharges sur les nôtres ; mais à chaque mouvement en avant des Français, ils reculaient pour s'embusquer à vingt-cinq pas plus loin, et recommencer leur feu. C'était du côté de l'ennemi, une déroute avec des intermittences de coups de fusil. Aussi, toutes les maisons sont criblées, toutes les vitres des fenêtres sont brisées; il n'y a pas un pan de muraille de trois mètres de longueur qui ne soit tapissé de balles. La maison où est logé le général Ladmirault, peinte en rouge à l'extérieur, est littéralement mouchetée d'étoiles blanches.

L'ennemi, repoussé de ruelle en ruelle, de maison en maison, battit en retraite jusqu'à la sortie de la ville, et se jeta dans le cimetière, où il se retrancha. Ce cimetière est à peine à deux cents pas derrière Montebello. A travers les murailles percées de meurtrières, il fit une dernière décharge qui tua le général Beuret. Nos soldats, ne pouvant faire le siége du cimetière, grimpèrent par-dessus les murs, car il ne faut pas oublier qu'il ne leur restait plus une seule cartouche et qu'ils ne pouvaient jouer que du sabre et de la baïonnette. L'ennemi, se voyant pris dans sa dernière retraite, se sauva du cimetière plus promptement encore qu'il n'y était entré; il jette ses armes pour mieux courir, et c'est alors que commence la véritable débandade. On fait quelques prisonniers; mais la cavalerie nous manquant, le général Forey donne l'ordre de s'arrêter à ses hommes, qui renoncent avec peine au plaisir de poursuivre les fuyards.

Devant le cimetière on a creusé deux fosses énormes. C'est dans ces deux fosses recouvertes de terre glaise toute fraîche que sont enterrés les soldats autrichiens. Les soldats français tués dans cette journée ont été inhumés dans l'enceinte du vieux cimetière. Une simple croix de bois marque l'endroit où ils reposent.

Le champ de bataille, sauf le triste spectacle des morts et des blessés qui ont été enlevés, présente encore aujourd'hui l'aspect qu'il avait le soir du combat. Les blés sont piétinés, des flaques de sang noir et séché par le soleil *inondent les sillons;* j'ai vu un gilet de toile autrichien tout ensanglanté, des cols, des shakos, des morceaux de tuniques ; hier on a encore trouvé dans les blés deux cadavres autrichiens, dont l'un était celui d'un enfant de quinze ans à peine. Il portait suspendu à son col un médaillon représentant une femme âgée ; sans doute sa mère!

Un jeune capitaine d'état-major, M. Nau de Champlouis, aide de camp du général Ladmirault, m'a raconté que des soldats venaient de découvrir dans la matinée même un blessé autrichien qui, depuis le jour du combat, se tenait caché dans une barrique. Ce qu'il y a de vraiment extraordinaire, c'est que cet homme, blessé de deux balles, l'une à la cuisse, l'autre dans le bras, est resté dans cette étroite cachette sans pousser une plainte et sans être entendu de nos soldats, qui, depuis trois nuits, couchaient auprès de lui dans la même cave. Quand on lui demanda pourquoi il n'avait point appelé à son secours, il répondit que la crainte seule l'avait retenu. Ses chefs lui avaient dit que les Français ne faisaient pas de quartier, et qu'ils tranchaient la tête de leurs prisonniers. Ce malheureux a été aussitôt couché sur un brancard-lit et transporté à Voghera sur les épaules de quatre chasseurs d'Afrique. Il fallait voir avec quelle bonté nos chasseurs, ne pouvant lui parler, lui prenaient la main et la pressaient doucement pour le rassurer !

Du haut de ce belvédère où le comte de Stadion suivit une partie de la bataille, le spectacle est superbe. Montebello est, de tous points, digne de son nom. Il est fièrement campé sur une crête d'où l'on découvre une campagne fertile arrosée par le Pô, et il est abrité, au sud, par la chaîne des Apennins, qui s'étend comme un long rideau noir échancré aux bords. On aperçoit très-distinctement Pavie, qui n'est pas éloignée de plus de trois lieues, à vol d'oiseau. A l'aide de l'excellente lunette d'approche du général Ladmirault, j'ai pu distinguer les tours carrées en briques de la cathédrale et un très-beau palais, qu'on m'a dit être le palais Olevano.

Nos troupes sont campées au milieu de ces fertiles

campagnes, dans cette belle vallée qui se prolonge jusqu'au fleuve. Je vois le camp des hussards, les tentes des chasseurs à cheval. L'artillerie déploie ses batteries à quelques pas des crêtes occupées, pendant la bataille, par les Autrichiens; Montebello est aujourd'hui le quartier général du maréchal Baraguey d'Hilliers, qui habite un palais voisin de la maison du général Ladmirault. Le général Forey occupe Casteggio ; en arrière est la division Bazaine; et la division du général Desvaux campe dans la verdoyante vallée de la Coppa.

On a su depuis deux jours seulement que le général autrichien Braün avait été tué dans l'action. Des officiers de l'état-major du quartier général m'ont également affirmé que l'archiduc Charles, oncle de François-Joseph, assistait incognito à la bataille sur le belvédère du comte de Stadion ; que de là il a vu la fougue de nos soldats, mais qu'il s'est retiré assez à temps pour ne point assister à la débandade des siens.

Je regrette presque d'avoir à dire, au lendemain même de leur défaite, que les Autrichiens ont continué à Casteggio le système de brigandage appliqué déjà par eux dans la Lomelline. Après avoir été repoussés de Montebello, ils traversèrent Casteggio à la hâte; mais ils eurent encore le temps de s'y arrêter pendant quelques minutes pour briser les meubles des malheureux habitants qui avaient fui, défoncer les barriques pleines de vin et d'huile, jeter les bois de lit par les fenêtres et mettre le feu à quelques maisons. Triste et sauvage vengeance exercée sur des infortunés inoffensifs !

On dit que l'Empereur Napoléon a écrit à l'empereur François-Joseph pour appeler son attention sur la guerre à outrance faite par ses généraux, et pour le menacer, dans le cas où elle se continuerait dans des conditions aussi barbares, de terribles représailles.

Turin, 27 mai.

Je suis revenu à Turin ce soir à cinq heures et j'y apprends que Garibaldi, à la tête de ses chasseurs des Alpes, a remporté de nouveaux succès. Tout le pays qu'il parcourt se soulève sur son passage aux cris de : *Vive l'indépendance ! vive l'Italie !* On me dit aussi qu'hier de nouveaux régiments de cavalerie sont passés par ici, et qu'ils ont été reçus avec le même enthousiasme que les précédents. Au théâtre Gerbino, une démonstration de tout le public a été faite en l'honneur des officiers présents à l'orchestre. Loin de se refroidir, l'enthousiasme va toujours en augmentant. Je pars demain matin pour Vercelli.

Verceil, 28 mai.

C'est à partir de San Germano, c'est-à-dire à quelques lieues avant d'arriver à Verceil, que la singulière physionomie de ce pays se révèle tout à coup au regard du voyageur; le paysage change comme un décor d'opéra, et les marécages succèdent aux collines; de grandes rizières d'une configuration extravagante se découpent, en miroirs gigantesques, sur des prairies cressonneuses. Ces rizières, qui s'étendent des deux côtés de la route, semblent dessinées par des propriétaires facétieux; elles ont généralement la forme d'un S, d'un V ou d'un Z.

Comme dans l'Inde et en Chine, où la culture du riz est très en honneur, les nombreux canaux qui arrosent la plaine entretiennent dans l'air une humidité insalubre. La fièvre paludéenne est, pendant les grandes chaleurs surtout, le plus terrible ennemi des populations de cette contrée. En entrant dans Verceil, je rencontrai se chauffant au soleil, le long des murailles, des femmes et des enfants au teint jaune, aux yeux creux, et qui grelottaient par une température de vingt-huit degrés. Ces rizières sont à la fois la richesse et le fléau de Verceil et de ses environs.

La première chose que je fis en descendant à l'hôtel des *Trois-Rois*, où logeait il n'y a pas encore quinze jours une partie de l'état-major autrichien, ce fut d'entrer en conversation avec l'hôtelier. Il me raconta sans se faire prier, mais d'un ton presque indifférent, que l'ennemi l'avait rançonné sans merci; qu'on lui avait enlevé argent, chevaux, mulets, voitures; bref, qu'il avait été tondu comme une brebis. D'autres habitants, auxquels je m'adressai, répondirent dans les mêmes termes et confirmèrent tous les faits publiés dans les journaux. Ce qui m'étonnait, c'était l'air tranquille et le ton parfaitement calme de ces pauvres gens, qui racontaient leur lamentable histoire comme s'ils eussent été étrangers aux faits qu'ils rapportaient.

Est-ce l'air lourd et chargé de vapeurs que l'on respire en ce pays qui engourdit le sang, ou l'homme finit-il par s'habituer à tout, même aux horreurs et aux atrocités de la guerre ?

Pendant que j'étais monté dans ma chambre, me préparant à sortir, j'entendis retentir une assez vive fusillade. Je sonnai et je demandai à un garçon d'une quinzaine d'années quel était ce bruit. « Oh! monsieur, répondit-il tranquillement, ce n'est pas dans la maison, c'est aux environs de la ville, » et il se retira très-surpris probablement que je l'eusse dérangé pour si peu de chose.

Le fait est qu'on se battait, depuis neuf heures du matin, à un demi-kilomètre de Verceil.

En abandonnant Verceil, les Autrichiens ont fait sauter une arche du pont qui unit les deux rives de la Sesia. Deux compagnies d'un de nos régiments du génie ont été envoyées ici pour jeter un nouveau pont sur la rivière, en aval du premier; mais les Autrichiens, postés sur la rive gauche, ne cessent de tirer sur nos travailleurs. Il est vrai que les troupes piémontaises, échelonnées sur la rive droite, ne se font pas faute de fusiller les *habits blancs* et les tiennent à une distance respectueuse. C'est une petite guerre de mousqueterie d'une rive à l'autre, un combat d'escarmouche qui dure une heure et recommence cinq ou six fois dans la journée. Verceil vit littéralement au milieu des coups de fusil.

Je me dirigeai avec un ami, muni comme moi d'un sauf-conduit, vers la Sesia. En passant sur le boulevard extérieur, nous vîmes une trentaine d'ouvriers occupés à abattre quelques-uns des magnifiques platanes qui sont le plus bel ornement de la promenade de cette petite ville. Ces arbres coupés vont servir à la construction du nouveau pont.

Après avoir fait quelques pas, mon compagnon et moi, nous nous trouvâmes en face de deux sentinelles sardes postées à la tête du pont du Cervo et qui nous interdirent le passage. Nous leur montrâmes nos laisser-passer ; mais comme elles ne comprenaient pas trop de quoi il s'agissait, l'une d'elles alla chercher un caporal. Celui-ci nous avoua qu'il ne comprenait pas plus que les sentinelles, mais qu'il ne demandait pas mieux que de nous conduire vers l'officier du poste placé de l'autre côté du pont. Au moment où nous franchissions le Cervo, nous nous croisions avec des mulets ramenant sur des brancards-lits cinq blessés piémontais. L'un de ces pauvres soldats venait d'être frappé d'une balle à la poitrine. Sa chemise était ensanglantée ; il était expirant.

L'officier nous reçut avec la plus grande politesse ; mais nous eûmes beau lui faire la déclaration, très sincère du reste, que nous ne nous exposerions à aucune égratignure, il nous déclara très-catégoriquement qu'il ne nous laisserait pas aller vers la Sesia. « Si vous voulez voir le coup d'œil, ajouta-t-il, je vais vous faire conduire dans cette maison que vous voyez là-bas au bord de la rivière. » Nous acceptâmes sa proposition, et, quelques minutes après, avoir quitté l'officier, nous étions installés dans une chambre où se trouvait un prêtre qui était là comme nous, en simple curieux.

De la fenêtre de cette chambre on apercevait très-distinctement les Autrichiens et les Piémontais ; mais, pour dire la vérité vraie, je dois déclarer que nous arrivâmes juste au moment où le combat finissait. Les Autrichiens, espacés en tirailleurs sur la rive gauche, se retirèrent peu à peu, et bientôt on ne vit plus un seul habit blanc à l'horizon.

Nos pontonniers, qui n'avaient pas cessé leurs travaux sous le feu de l'ennemi, les continuèrent tout le reste de la journée sans être inquiétés de nouveau.

Le prêtre que nous venions de rencontrer était un chanoine de Verceil. Il nous donna quelques détails sur le séjour des Autrichiens dans la ville, se loua beaucoup de notre ministre de l'instruction publique, qui venait d'envoyer des livres à la bibliothèque de la cathédrale, se plaignit du trouble des temps et finit par nous demander si nous avions vu le célèbre manuscrit de saint Eusèbe. J'avoue à ma honte que je n'avais jamais entendu parler de ce manuscrit; mais, pour ne pas donner au chanoine une triste idée de ma personne, je lui répondis que le moment n'était pas propice aux bibliophiles, et qu'on admirait mal les livres rares au bruit de la fusillade. « Qu'est-ce que cela fait, la fusillade? répondit le chanoine; vous ne pouvez passer à Verceil sans avoir vu un monument unique dans le monde entier, le livre des évangiles de saint Luc, copié au IV<sup>e</sup> siècle par saint Eusèbe, qui fut évêque de notre ville. » Et il fit tant et si bien, cet aimable chanoine, que nous le suivîmes à la bibliothèque de la cathédrale.

Là nous trouvâmes, après avoir traversé la sacristie, un prêtre enterré dans les livres jusqu'au cou. Sa tête seule se laissait apercevoir au-dessus d'un rempart d'in-folio. C'était le bibliothécaire, qui, se levant brusquement à notre approche, renversa une muraille de bouquins. Bien que nous l'eussions évidemment troublé dans son travail, il nous accueillit avec beaucoup d'aménité, ouvrit ses placards et fit défiler sous nos yeux un grand nombre de parchemins manuscrits avant de nous montrer le fameux livre des Évangiles. Ce diamant fut enfin tiré de son écrin, et j'avoue que ce fut avec les yeux de la foi que j'admirai ce trésor inestimable, car le temps a tellement blanchi, pour ne pas dire effacé, cette précieuse copie de l'évangile de saint Luc, qu'on pourrait écrire sur ce parchemin et surcharger, sans s'en douter, l'écriture du saint évêque Eusèbe.

Au moment où nous nous disposions à prendre congé du chanoine et du bibliothécaire, celui-ci nous entreprit sur l'*Imitation de Jésus-Christ*, et nous avoua qu'il était, pour le quart d'heure, occupé d'un travail destiné à prouver que l'auteur de l'*Imitation* n'est ni Gerson, ni Thomas A'Kempis, ni de Marillac, mais bien un chanoine de Verceil nommé *Gersen*. Il nous montra comme preuve à l'appui un document de 1349 qui prouverait en effet que l'*Imitation* est antérieure à Gerson et à Thomas A'Kempis, lesquels naquirent, le premier en 1369, le second en 1380. Le bon abbé nous en dit fort long à ce sujet, et, malgré mon impatience d'aller aux informations pour apprendre de nouveaux détails sur l'engagement qui venait d'avoir lieu entre nos alliés et les Autrichiens, je ne pouvais m'empêcher d'admirer cette belle passion de l'étude qui isole l'homme du reste du monde et le maintient libre et dégagé, même à côté de la fusillade.

Pendant que je descendais l'escalier de la bibliothèque, tout ce que j'avais vu dans la matinée se mêlant dans mon esprit à tout ce que je venais d'entendre, les blessés piémontais, les soldats autrichiens, Gerson et Gersen, les décharges de la mousqueterie, le manuscrit de saint Eusèbe, tout cela pirouettait dans mon cerveau et exécutait la plus désordonnée des contredanses.

En sortant de la cathédrale, je vis deux soldats sardes en faction à la porte de l'évêché, et j'appris que c'était là que s'était établi, avec l'agrément de l'évêque, bien entendu, le général Cialdini. J'avais une lettre de recommandation pour lui; mais il était avec son état-major sur le bord de la Sesia. Le palais épiscopal de Verceil avait également servi de demeure au général Giulay pendant les jours de l'occupation.

Il y a en ce moment à Verceil 12 000 hommes de troupes piémontaises et deux compagnies françaises du génie. Toutes les églises, excepté la cathédrale, sont occupées par les soldats, qui se couchent la nuit sur une litière de paille. A ce propos, je ne sais comment j'ai oublié de vous parler d'un fait dont j'ai été témoin le premier jour de mon arrivée à Alexandrie, il y a de cela un mois environ. Je revenais de visiter le champ de bataille de Marengo, lorsque, en passant devant l'église située dans la grande rue du chemin de fer, je vis une noce pénétrer dans cette église occupée par nos artilleurs.

La noce se dirigea vers une chapelle latérale séparée de la foule par une grande toile, et le mariage fut célébré comme si de rien n'était. Le marié était jeune, la mariée était jolie, et il me semble que cette union, accomplie dans des conditions si exceptionnelles, sera propice à ce jeune couple. C'était aussi l'opinion d'un artilleur, qui me disait en riant que le mariage s'était fait sous l'invocation de sainte Barbe, patronne des canonniers, et que la protection de sainte Barbe en valait bien une autre.

L'Empereur est venu à Verceil il y a trois jours; il y est arrivé à l'improviste, et la municipalité n'avait pu faire aucun préparatif pour le recevoir, mais il a été accueilli très-chaleureusement par la garde nationale, par l'armée sarde et par toute la population.

A Verceil, comme à Gênes, comme à Alexandrie, comme à Turin, la générosité et la pitié ont épuisé leurs trésors en faveur des pauvres blessés. La charpie, le linge, les sirops, le sucre, la flanelle, tout cela a été porté par ballots et par sacs à la municipalité. J'ai lu, affiché sur les murs, une proclamation du syndic qui remercie particulièrement le *beau sexe (il gentil sesso)* de tous les dons envoyés au *municipio*. Ces infortunés habitants de Verceil, écrasés par les réquisitions de l'ennemi, se sont dépouillés de leurs dernières richesses au profit des hôpitaux. Il y a au fonds de tous ces cœurs piémontais un inépuisable patriotisme, et Dieu, qui a fait du patriotisme une des plus grandes vertus des peuples, doit bien à l'Italie la victoire.

Vers cinq heures du soir, le tambour battait dans les casernes. Quatre régiments d'infanterie se réunissaient sur les bords du Cervo et de là marchaient vers la Sesia, probablement pour chercher l'Autrichien et le combattre. Ces petits fantassins piémontais, braves, résolus, vont crânement, mais simplement à la bataille. C'est un plaisir de les voir défiler, l'arme au bras, marchant d'un pas allègre à la rencontre d'un ennemi qui n'est pas séparé d'eux par la distance de deux kilomètres.

Je fus témoin le soir d'une scène attendrissante. Des officiers piémontais étaient venus accompagner à la gare du chemin de fer leurs femmes et leurs filles qui partaient pour Turin. Au moment de la séparation, femmes et jeunes filles éclatèrent en sanglots; les officiers ne sourcillaient pas, leurs yeux étaient secs; mais, à en juger par les soulèvements de leur poitrine, ils devaient bien souffrir de leur émotion contenue.

Turin, 29 mai.

Vous savez que Garibaldi marche de combats en combats, soulevant toutes les populations en faveur de la cause italienne. L'Autriche se dispose à envoyer des forces nombreuses contre l'illustre chef des chasseurs des Alpes, mais je crois savoir que Garibaldi sera secouru à temps ; malgré son courage et le courage de sa poignée de volontaires, Garibaldi, livré à lui-même, finirait par succomber sous le poids même de ses victoires, qui seraient à la longue des victoires de Pyrrhus.

On dit que l'Empereur, très-satisfait de l'énergie de Garibaldi et de la discipline de sa petite armée, suit ses mouvements avec le plus grand intérêt, et que toutes les dispositions sont prises pour qu'il ne soit pas écrasé par un ennemi vingt fois supérieur en nombre. Je fais des vœux ardents pour ces jeunes volontaires italiens que j'ai vus à Turin si simples, si animés de généreux sentiments, pour ces enfants qui ont abandonné, pour aller combattre, leur pays, leur fortune et leurs mères qui pleureront jusqu'au retour de leurs fils.

On me dit que l'Empereur quittera demain Alexandrie, mais je ne saurai que très-tard dans la soirée le lieu vers lequel il se dirigera. Je me tiens prêt à quitter Turin demain de très-bonne heure pour aller au quartier général. Il est probable que je ne reviendrai plus ici. Ce changement du grand quartier général est, dans mon opinion, le signal de la marche de l'armée française vers la Lombardie.

Verceil, 30 mai.

Je ne me doutais guère, en quittant Verceil avant-hier soir, que j'y reviendrais aujourd'hui. C'est dans cette ville, voisine de Mortara et de Novare, que l'Empereur a transporté son quartier général, et depuis hier matin toute la garde et un grand nombre de régiments y arrivaient à toute heure et de tous les points.

Notre armée a fait en trois jours un grand mouvement sur la gauche. Au lieu de continuer sa marche vers Stradella, elle s'est tout à coup repliée sur la Sesia, et elle est aujourd'hui en face d'une partie de l'armée autrichienne, qui s'appuie d'un côté sur Novare et de l'autre sur Mortara. Si les Autrichiens acceptent la partie, nous ne sommes qu'à deux heures de marche d'une grande bataille.

J'avais laissé Verceil avec 12 000 hommes de troupes piémontaises et deux compagnies françaises du génie. Cette forte garnison donnait déjà à ce petit chef-lieu de province une physionomie fort animée; mais vous comprenez quel étrange aspect présente la ville en ce moment où la garde, l'artillerie, les zouaves, les régiments de ligne, les chasseurs à cheval, les chasseurs d'Afrique traversent, tambours battant, ces rues ordinairement si calmes; la population tout entière, qui vient d'assister au départ du roi, lequel était ici depuis hier, et qui attend l'arrivée de l'Empereur, s'est précipitée, en dépit de la pluie qui tombe par torrents, dans les rues et sur les places, pour voir défiler nos bataillons et nos escadrons.

Ce sont des cris, des transports, un enthousiasme et des frémissements de joie dont toute description, si éloquente qu'elle fût, ne donnerait qu'une faible idée. Pour ne vous citer qu'un fait qui caractérisera mieux que tout ce que je pourrais vous écrire, cette manifestation patriotique, je vous dirai que j'ai vu des femmes appartenant à la bourgeoisie se précipiter dans les bras de nos soldats et les embrasser avec effusion, aux bruits des applaudissements très-sérieux de la foule.

Cette action, si extraordinaire au premier abord,

fera peut-être sourire ceux qui liront ces lignes; mais je vous promets que personne ne riait ici. L'embrassement de ces femmes entraînées par un sentiment de reconnaissance, c'était comme le baiser de l'Italie délivrée à la France libératrice. Les grandes causes peuvent seules provoquer ces sublimes élans, qui touchent presque à la folie, et je me figure que les croisades ont dû voir de semblables transports. Nos soldats étaient graves et émus ; en se voyant l'objet de ces ovations délirantes, ils comprenaient tout ce qu'attendaient d'eux ces mères et ces épouses brutalisées par les bandes de Giulay, et qui demandaient des vengeurs. Je vous le répète, c'était un grand spectacle.

Il est nécessaire de vous dire enfin dans quelles circonstances éclataient ces manifestations. Le canon tonnait à une lieue sur la rive gauche de la Sesia; depuis midi, les Piémontais étaient aux prises avec les Autrichiens, et les blessés qu'on ramenait, d'heure en heure, du champ du combat, prouvaient que la lutte était vive. Chacun de ces funèbres convois de fantassins sardes et de bersaglieri ensanglantés soulevait des frémissements dans la foule et des cris de haine contre l'Autriche. « Nous vous vengerons, criaient nos soldats aux blessés. — Oui, répondaient les femmes, vengez-les, vengez-les, » et l'on n'entendait de toutes parts que ces mots, prononcés avec une énergie sombre : *Vendicate li ! vendicate li !*

A cinq heures du soir, l'Empereur, qui avait quitté Alexandrie à trois heures, arrivait à Verceil, et, à peine descendu de son wagon, il montait à cheval et se dirigeait, suivi du maréchal Vaillant, du général Fleury, de deux officiers d'ordonnance et d'un détachement de cent-gardes, vers le pont de la Sesia qu'allaient franchir nos troupes et notre artillerie. Sur tout le parcours de l'Empereur, la population agitait des mouchoirs et criait : *Viva Napoleone !*

Les troupes françaises étaient réunies sur le boulevard extérieur, entre le Cervo et la Sesia. Les canons et les caissons ouvraient la marche avec toute la division du général Niel, puis venaient l'infanterie et le troisième régiment des zouaves d'Afrique, le régiment au départ duquel j'avais assisté à Gênes lorsqu'il se dirigeait sur Bobbio pour déloger l'ennemi, qui ne l'attendit pas. Je retrouvai là des amis que je n'espérais pas revoir si tôt, et j'éprouvai une certaine émotion quand je reconnus le turban vert des zouaves. Quinze jours peuvent, en temps de guerre, faire tant de vides dans les cadres d'un régiment ! mais les trois officiers au sort desquels je m'intéressais étaient là, bien portants, très-alertes et prêts à entrer en ligne au premier moment.

L'Empereur visita le pont de bois jeté sur la Sesia par nos pontonniers, sous le feu continuel de l'ennemi, et assista au défilé des troupes, dont la tenue était superbe. Les zouaves se faisaient remarquer entre tous par leur façon originale de marcher au-devant des Autrichiens. Ils portaient sur leurs sacs des quartiers d'agneau, d'énormes morceaux de viande crue ficelée, des salades, des choux et des légumes de toute espèce; sur l'épaule de l'un d'eux se tenait perché un vieux coq attaché au sac par la patte, pour plus de précaution. Après le passage des troupes, des canons et des caissons, que suivaient les mulets et les charrettes des auxiliaires, l'Empereur reprit le chemin de Verceil et descendit au palais épiscopal. La maison de l'Empereur bivouaque sur la place de l'évêché, des feux sont allumés de distance en distance et les piqueurs, les palefreniers font leur cuisine en plein air. Vous voyez que nous commençons décidément à entrer en campagne.

Au moment où l'Empereur rentrait à Verceil, des bersaglieri amenaient prisonniers une quinzaine de Croates et de Hongrois. Parmi eux, on remarquait une espèce de tambour-major, qui marchait en tête de ses camarades, l'air triste, abattu et embarrassé. La population, je dois le dire, ne se montrait pas très-compatissante, et quelques ricanements se faisaient même entendre sur le passage de ces malheureux ; il ne faut pas oublier que les habitants de Verceil souffraient, il y a dix jours à peine, de la brutalité des Autrichiens, et que la blessure saigne encore au cœur de la population.

Quelques instants après, des fourgons amenaient de nouveaux blessés. A la suite des blessés, des soldats piémontais conduisaient un nouveau convoi de prisonniers plus nombreux que celui que je venais de voir passer une demi-heure auparavant. Vers neuf heures du soir, j'entendis, de la salle à manger de l'hôtel, un grand bruit dans la rue ; j'allai sur le balcon pour savoir quelle était la cause de ce mouvement. Une trentaine de prisonniers croates, hongrois et tyroliens traversaient la foule, conduits par six bersaglieri. J'ignore encore quel est le nombre des prisonniers ennemis faits dans cette journée, mais il doit être considérable.

Je vais aux informations, et voici les détails que je recueille : Le roi Victor-Emmanuel, sachant que l'ennemi se retranchait fortement à Palestro, Vinzaglio et Casalino, sortit de Verceil ce matin et traversa la Sesia à la tête de deux divisions, la division Cialdini et la division Fanti. Le général Castel-Borgo et le général Durando avaient, en outre, une brigade. Fanti et Castel-Borgo poussèrent droit vers Palestro, pendant que Cialdini et Durando se dirigeaient vers Casalino. Palestro était le point où devaient converger les forces piémontaises. C'était, comme on dit en termes militaires, l'objectif de guerre. Les Autrichiens, qui s'étaient fortement barricadés dans Palestro, avaient reçu, dans la nuit, des renforts considérables venus de Mortara.

Les bersaglieri essuyèrent avec une fermeté héroïque la mitraille de l'artillerie autrichienne, et se lancèrent sur les canons à la baïonnette. Repoussés une première fois, ils revinrent à la charge et entassèrent cadavres sur cadavres. Pendant ce temps-là, Durando, qui venait de déloger les Autrichiens de Casalino et de Vinzaglio, accourait sur Palestro au pas de charge. La mêlée devint alors générale, une demi-batterie d'artillerie ennemie est prise par les bersaglieri qui cernent les hommes placés près des pièces et les font prisonniers.

On enlève Palestro à la baïonnette, rue par rue, maison par maison, et on chasse du bourg l'ennemi, qui se défend encore en battant en retraite. Il faut avoir vu ce pays coupé de ruisseaux, de torrents, de rizières, de fossés, qui sont autant de petites fortifications, pour comprendre combien il est difficile de débusquer un ennemi qui, refoulé ici, se reforme là-bas, protégé à chaque pas par les mille accidents du terrain. Cependant, les bersaglieri, qui ont été les héros de cette belle journée de Palestro, font une dernière charge à la baïonnette, et la retraite devient une complète déroute. Deux bersaglieri, que j'ai vu tout à l'heure, m'ont affirmé qu'ils avaient fait au moins six cents prisonniers et pris trois pièces d'artillerie. Il est onze heures du soir, et je ne saurai que demain de nouveaux détails.

Ce qu'il reste de bien prouvé, c'est que l'armée sarde a remporté une belle victoire. Les zouaves et des régiments français étaient sur la seconde ligne de bataille, prêts à marcher sur un signal du roi, mais ce signal n'a pas été fait; on n'a pas eu besoin de recourir aux baïonnettes françaises. Palestro est le Montebello piémontais. Ces deux défaites de l'armée ennemie, qui sont comme le prélude d'une plus grande, doivent singulièrement mortifier les officiers autrichiens. Des habitants de Verceil m'ont dit qu'en entrant dans la ville ils avaient déclaré qu'il ne leur fallait pas plus d'une semaine pour mettre l'armée sarde à la raison, et que dans quelques jours ils logeraient à Turin. Le maître de l'*Albergo-Reale*, où je suis descendu, ayant demandé à des officiers de l'état-major où ils allaient, ceux-ci répondirent d'un ton dégagé : « Nous allons à Paris ! » Pour le moment, ils suivent un chemin tout opposé. La Sesia est déjà perdue pour eux, et nous aurons bientôt franchi le Tessin.

On s'attend à une grande affaire pour demain. Nous assisterons donc peut-être à une bataille où seront engagés près de 300 000 hommes, dans ces mêmes plaines qui virent 300 000 Cimbres taillés en pièces par 200 000 Romains sous la conduite de Marius. Le moment est solennel ! Quelques personnes croient que l'ennemi reculera jusque derrière le Tessin, et que le choc n'aura lieu qu'en Lombardie ; mais alors il faudrait qu'il abandonnât, sans combat, ses positions de Novare et de Mortara et cela ne semble pas probable.

Ce soir la ville est illuminée pour fêter l'arrivée de l'Empereur.

J'apprends qu'un espion autrichien, qui était de Pavie, a été fusillé ici hier. C'est le second espion que Pavie fournit depuis le début de la campagne.

31 mai.

A peine éveillé, je me suis rendu chez le syndic pour avoir des nouvelles certaines de la bataille d'hier. L'affaire a été rude, mais les Sardes ont eu le dessus, haut la main. Ils ont pris trois canons, quatre caissons d'artillerie, et ont fait six prisonniers, parmi lesquels six officiers. J'ai vu, de mes yeux vu, près de deux cents de ces prisonniers enfermés dans l'église de San Giuliano. De cent vingt à cent trente sont Italiens, les autres sont presque tous Hongrois et Croates. Les pertes de l'ennemi sont énormes pour une si petite bataille, on parle de deux mille cinq cents hommes mis hors de combat. Quatorze officiers ont été tués. Les pertes du côté de nos alliés sont beaucoup moins nombreuses, mais on ne connaît pas encore le chiffre exact des morts et des blessés. Le roi vient de publier une belle proclamation à l'armée, et cette proclamation a produit un grand effet. La bataille de Palestro restera comme une belle page des annales militaires de la nation piémontaise et de la maison de Savoie.

On m'annonce que le roi Victor-Emmanuel, dont le quartier général est à Torrione, l'a quitté ce matin pour se diriger du côté de Mortara. Vers onze heures, en regardant passer sur le pont à chevalets notre artillerie et notre cavalerie, j'entendais distinctement le canon dans la direction de la droite. Peut-être Victor-Emmanuel est-il occupé à tisser au moment où je vous écris, la glorieuse trame d'une nouvelle journée. A la même heure, l'Empereur, accompagné d'un très-nombreux état-major, franchissait la Sesia et poussait, assure-t-on, une reconnaissance vers Novare.

Le nombre des troupes arrivées depuis hier au soir et campées, à l'heure qu'il est, sur la rive droite de la Sesia, est incalculable. Le camp des hommes et des chevaux s'étend à droite, à gauche, dans les plaines et sur les collines, aussi loin que peut s'étendre le regard. Cherchez à l'horizon un seul point qui ne soit occupé par des hommes, des chevaux ou des parcs d'artillerie, et vous ne le trouverez pas. Et tous ces régiments ne seront plus là dans quelques heures ; ils attendent que d'autres régiments qui défilent sur les deux ponts (car on a jeté hier un nouveau pont en amont du premier), leur laissent le passage libre pour passer à leur tour. Depuis hier à quatre heures, le passage se fait sans interruption. Je vois à trois pas de moi le 11ᵉ régiment de chasseurs d'Afrique qui boucle ses sacs en prenant le café à la hâte, et qui va se mettre en route.

Voici les zouaves de la garde qui passent en chantant et en distribuant des poignées de mains aux chasseurs. La cavalerie défile sur l'autre pont, puis ce sont les chariots, les mulets qui s'accumulent dans la plaine en attendant qu'il leur soit permis de franchir la rivière. Si vous voulez avoir une idée de ce tableau étonnant, de ce va-et-vient d'hommes, de cette foule immense, rappelez-vous ces gravures de Martinn, dans lesquelles de petits points noirs, habilement groupés, représentent des migrations de peuples, des océans de têtes. Animez ces multitudes innombrables, grandissez-les dans votre imagination, multipliez-les même, et vous n'atteindrez pas encore à la hauteur de ce grandiose spectacle!

En rentrant dans Verceil, je rencontre dans toutes les rues de nouveaux régiments qui arrivent ; régiments d'infanterie et régiments de cavalerie. Ils se tiennent immobiles sur les places, attendant l'ordre de la marche ou du casernement. Je cause avec quelques soldats, et ils m'annoncent qu'ils sont suivis par un grand nombre de leurs camarades qui arriveront dans la journée et dans la soirée. Toutes les issues de la ville sont en quelque sorte coupées par des colonnes de chevaux ou des compagnies qui stationnent, l'arme au pied. Quelle piteuse mine a, en temps de guerre, l'habit bourgeois à côté de tous ces uniformes !

Cette journée du 31 mai, dont je vais vous dire quelques mots, restera comme une date glorieuse dans les annales de la guerre d'Italie. Hier, les Piémontais remportaient la victoire de Palestro ; aujourd'hui, le 3e régiment des zouaves s'est immortalisé par un fait d'armes qui égale, s'il ne surpasse, les plus beaux de notre histoire militaire.

Je venais de jeter à la poste la lettre que je vous ai écrite ce matin, lorsqu'un de mes compagnons de voyage, entrant dans ma chambre, me demanda si je voulais l'accompagner à Palestro pour visiter le champ de bataille. J'acceptai, et nous nous mîmes en route à pied, car il ne fallait songer ni à une voiture ni même à des chevaux. Nous traversâmes le pont de la Sesia en même temps que les caissons, les canons, les équipages de pont et les fourgons transportant le matériel de l'armée. La route était facile à suivre. Les régiments, les officiers d'état-major, lancés au grand galop, les fourgons et les cantines des vivandières étaient les jalons de ce chemin défoncé par les pluies des jours précédents, mais plus poudreux pour le quart d'heure que la voie parcourue aux beaux jours de la Grèce par les chars des jeux olympiques.

Nous n'avions pas fait cinq cents pas que nous rencontrâmes un convoi de blessés piémontais. J'ai un pénible aveu à vous faire. Les premiers blessés et les premiers prisonniers que j'ai vus à Alexandrie m'ont profondément ému, mais la nature humaine est ainsi faite qu'elle s'habitue à tout, même aux plus tristes spectacles, et il suffit de quelques jours passés au milieu des camps pour nous familiariser avec l'aspect de toutes les souffrances physiques et morales.

Un peu avant d'arriver à Torrione, quartier général du roi de Sardaigne, j'aperçus tout à coup, au détour de la route, un groupe nombreux de cavaliers et de piétons. C'étaient des prisonniers autrichiens conduits par des chasseurs sardes. Quelques-uns de ces prisonniers fumaient tranquillement leur pipe ; d'autres, je dois le dire, avaient le cœur gros et les yeux humides. « Une fière chasse ! nous cria en français l'un des cavaliers; en voici déjà trois cent douze d'un coup de filet, mais vous allez voir bien d'autre gibier. — Ainsi vous êtes vainqueurs ? — Sur toute la ligne. Les zouaves ont été superbes. » Et le cavalier piqua des éperons et rejoignit le convoi.

A quelques pas, derrière les prisonniers, venait une charrette transportant des zouaves blessés. Je reconnus à la ceinture verte le troisième régiment dont je vous parlais hier, et que j'avais vu la veille à Verceil. Je m'approchai. Un zouave, dont la figure était ensanglantée (il avait reçu un coup de baïonnette dans la joue, au-dessous de l'œil gauche), me demanda si j'avais un cigare ; nous en avions heureusement, et nous en offrîmes aux quatre ou cinq blessés qui étaient couchés dans la charrette. Le zouave blessé à la joue nous raconta que l'affaire avait été très-chaude, qu'ils avaient eu de leur côté beaucoup de blessés et de morts ; mais qu'ils avaient écharpé l'ennemi et qu'ils lui avaient enlevé toute son artillerie. « Soyez tranquilles, ajouta-t-il en forme de péroraison, son compte est bon. »

Nous arrivâmes à Palestro, et là on nous raconta la bataille.

Le roi Victor-Emmanuel se préparait à attaquer Robbio, occupé par l'ennemi, lorsque les Autrichiens, qui voulaient prendre leur revanche de la défaite de la veille, se présentèrent en grand nombre

Victor-Emmanuel n'avait sous ses ordres que la division du général Cialdini, une partie de la division du général Fanti, et le 3ᵉ régiment de zouaves. La division du général Trochu était à quelques pas du terrain de la bataille, mais elle avait pour mission spéciale de protéger le mouvement de l'armée française qui traversait la Sesia, et la circulation des convois de vivres et de munitions. La bataille, commencée à sept heures du matin, se continua jusqu'à neuf heures et demie avec des chances égales des deux côtés.

Les zouaves étaient placés à deux mille mètres du champ du combat, et ils prenaient le café lorsque des éclats de boulets volèrent au milieu d'eux. Ils prirent aussitôt les armes et se portèrent en toute hâte en avant, traversant des rizières et sautant des fossés. Après avoir parcouru une distance d'environ quinze cents mètres, ils rencontrèrent un des affluents de la Sesia, et s'y précipitèrent, ayant de l'eau jusqu'aux épaules.

Arrivés sur le bord opposé, ils virent se démasquer à trois cents mètres deux batteries autrichiennes pointées sur eux. Leurs cartouches étant mouillées, par suite du passage à gué de la rivière, il ne leur restait d'autre alternative que de fuir ou d'avancer la baïonnette au bout du fusil. Le clairon sonna la charge au moment même où les canons ennemis vomissaient des blocs de mitraille. Les zouaves se lancèrent sous le feu des pièces d'artillerie qui les fauchaient comme des épis. Trois cents mètres à traverser sous la mitraille ! Ils arrivèrent cependant sur les canons, tuèrent les artilleurs sur leurs pièces, culbutèrent tout ce qu'ils rencontrèrent et prirent huit pièces encore toutes attelées. En ce moment, l'Empereur, prévenu de ce qui se passait, accourait sur le champ de bataille. Le terrible choc des zouaves avait ébranlé l'ennemi, les Piémontais firent le reste; ils attaquèrent les colonnes autrichiennes de tous les côtés à la fois, les repoussèrent avec vigueur, et à deux heures de l'après-midi, toutes leurs positions étant perdues, les Autrichiens battaient en retraite devant des forces deux fois inférieures en nombre. Cette victoire a coûté cher aux alliés, surtout aux zouaves, qui ont laissé beaucoup des leurs sur le terrain. Le capitaine adjudant-major Dru, que j'avais rencontré hier au soir à Verceil, a eu la tête emportée par un boulet, et quelques officiers sont grièvement blessés. Nos alliés aussi ont fait des pertes assez considérables.

Quant aux Autrichiens, ce n'est pas exagérer de dire qu'ils ont eu au moins quatre mille hommes mis hors de combat. Un grand nombre de leurs soldats, poursuivis le sabre dans les reins, se sont noyés en voulant traverser la rivière. « Il y a eu un moment, me disait un zouave qui a pris part au combat, où la rivière était barrée par les corps des hommes et des chevaux. »

Ajoutez à cela onze cents prisonniers ennemis tombés dans les mains, soit des zouaves, soit des Piémontais. Verceil regorge en ce moment de prisonniers. L'ennemi compte parmi ses morts un général et beaucoup d'officiers. J'ai vu passer ce soir, vers huit heures, une douzaine d'officiers autrichiens prisonniers, qu'on conduisait au palais épiscopal pour être interrogés par le maréchal Vaillant.

Les troupes alliées comptaient 12 000 combattants; les Autrichiens avaient 25 000 hommes. L'Empereur rentrait à Verceil à trois heures et demie.

On assure que la journée de demain sera signalée par une action décisive. On parle beaucoup ici de ce qui se prépare, mais je ne puis entrer dans aucun détail à ce sujet. Dans le cas où le projet d'attaque serait ajourné de quelques jours, la publicité pourrait avoir de graves inconvénients.

Verceil, 1er juin.

Je ne sais si l'on comprend bien en France le mouvement que vient de faire notre armée, mouvement couronné par les succès de ces derniers jours. Les troupes parties de Gênes et arrivées de Turin avaient été portées en masse sur la droite. Quatre corps d'armée avaient été échelonnés depuis Alexandrie jusqu'à Casteggio, cette petite ville posée en face de Stradella. L'ennemi avait suivi le même mouvement le long de l'autre rive du Pô et avait concentré une grande partie de ses forces vers Stradella, pour disputer aux armées franco-sardes le passage des défilés liguriens.

C'est au moment où l'armée autrichienne exécutait ce mouvement qu'un contre-ordre, venu d'Alexandrie, faisait tout à coup rebrousser chemin à nos troupes et les reportait en toute hâte vers la gauche. En deux jours les corps d'armée répandus à Montebello, Voghera, Pontecurone, Vighizzolo, Tortone, se trouvaient concentrés à Vercelli, traversaient la Sesia devant un ennemi trop faible pour disputer le passage de la rivière, et s'emparaient en trois jours de presque toutes les positions occupées par les Autrichiens. Ce mouvement très-hardi a complétement réussi, et tous les hommes habiles dans l'art de la guerre, avec lesquels je me suis trouvé en rapport, s'accordent à dire qu'il a été aussi bien conçu que vigoureusement exécuté. Aujourd'hui, toutes les positions fortifiées par l'ennemi, sur la droite, sont devenues inutiles, et l'ennemi est coupé, cerné, enveloppé de tous côtés sur la gauche.

A l'heure où je vous écris, l'Empereur se dispose à lever son quartier général et à le transporter de Verceil à Novare. Novare, dans laquelle les Autrichiens avaient pris une position formidable, est à nous, et il a suffi d'une nuit pour déloger l'ennemi et le repousser. Vous voyez que l'on commence à brûler les étapes. Pour peu que l'on continue à marcher de ce pas accéléré, il ne nous faudra pas plus de cinq ou six jours pour arriver à Milan.

A Verceil, le chemin de fer expire, *ubi defuit orbis*, les Autrichiens ayant fait sauter les arches des ponts et arraché les rails. Je ne suis pas dans un mince embarras pour savoir de quelle façon j'arriverai à Novare. Je n'en ai pas la moindre idée, attendu que la carrosserie du pays est retenue par les gens avisés qui avaient prévu, à jour fixe, le succès de nos armes. Cependant je ne perds pas complétement courage. Je me suis trouvé dans des positions plus difficiles que celles-là, et je parierais volontiers que je serai installé ce soir à Novare, ou au plus tard demain matin.

Permettez-moi maintenant de vous donner quelques détails sur la journée d'hier. D'abord je commence par vous annoncer que le nombre des zouaves tués est moins grand qu'on l'avait supposé au premier moment. Un seul officier est mort dans l'action, ce pauvre capitaine adjudant-major Dru. Le même boulet a emporté la tête de son cheval et la sienne. Deux officiers, un capitaine et un lieutenant sont blessés, l'un des deux assez gravement d'une balle dans le ventre. Quant aux soldats, cent vingt-cinq sont morts et deux cents sont blessés, presque tous aux jambes. La mitraille, rasant la terre, fauchait plutôt qu'elle ne frappait.

On me dit qu'en voyant démasquer les quatorze

pièces d'artillerie pointées contre ses hommes, le brave colonel de Chabron hésitait à donner aux clairons le signal de la charge, mais que les zouaves s'étaient déjà lancés lorsque les clairons sonnèrent. Je vous prie de croire que, voyant cela, le colonel ne resta pas en arrière. Le roi Victor-Emmanuel était venu au commencement de l'action se placer aux avant-postes des zouaves, très-certainement pour marcher à leur tête, et il fallut toutes les énergiques représentations du colonel pour que Victor-Emmanuel renonçât à son projet et retournât prendre le commandement du corps d'armée.

Les troupes autrichiennes étaient composées de deux fortes divisions, la première commandée par le général Lillia, la seconde par le général Jellachich, frère du ban de Croatie qui fit tant parler de lui en 1849 lors de la guerre de Hongrie. Ces deux divisions, faisant partie des 2e et 7e corps, avaient été envoyées pour reconquérir, à tout prix, les importantes positions perdues la veille. Elles ont combattu avec courage et ténacité, mais toute leur énergie est venue se briser contre la résistance des Piémontais et des zouaves; ceux-ci, pour leur part, ont fait cinq cents prisonniers sur les onze cents de la journée.

La noyade des Autrichiens, dont je vous ai dit quelques mots dans ma lettre du 31 mai est confirmée par le rapport officiel : près de quatre cents cadavres ont été emportés par un torrent que les Autrichiens s'étaient mis à dos et dans lequel ils ont été précipités ; leur perte est énorme. On sait en outre qu'ils sont à la fois stupéfaits et découragés. Des officiers français ont obtenu hier l'autorisation d'inviter à dîner les officiers prisonniers, et ceux-ci ont avoué qu'ils n'avaient pas mangé depuis quarante-huit heures. Ils se sont plaints des cris poussés sur leur passage à leur entrée à Verceil et ils se sont tout d'abord informés auprès du maréchal Vaillant s'ils étaient les prisonniers de la France ; sur la réponse affirmative du maréchal, ils ont paru enchantés. Ce matin, un premier convoi de cinq cents prisonniers partait pour Turin par le chemin de fer. De Turin on les fera aussitôt partir pour la France, et l'on dit qu'ils seront envoyés dans les villes du littoral de la Méditerranée.

J'ai été les voir à la station. Ils avaient l'air très-satisfaits. J'ai causé avec un petit Tyrolien de dix-huit ans environ qui baragouinait un patois moitié italien moitié français. Ce jeune soldat m'a raconté en deux mots son histoire. Il était garçon d'auberge à Romanshorn, sur le lac de Constance, et il se trouvait assez heureux lorsqu'il fut rappelé il y a six mois dans son pays, par la mort de son père. Un beau matin, il apprit qu'il était incorporé dans un régiment et qu'il avait l'honneur d'être soldat de S. M. l'empereur d'Autriche. Il prit le mousquet et partit en regrettant le beau lac de Constance et surtout les pourboire des Anglais qui passaient par Romanshorn. Dans la journée d'hier, un zouave l'avait fait prisonnier, et il m'avoua que le zouave, le voyant si jeune et si faible, s'était contenté de lui prendre son fusil sans lui faire aucun mal; qu'il avait ensuite passé son bras sous le sien et qu'il l'avait conduit ainsi au dépôt plutôt en camarade qu'en ennemi. Je lui demandai s'il était vrai qu'on eût dit aux soldats autrichiens que les Français coupaient la tête de leurs prisonniers. Il me répondit que son sergent l'avait en effet fort engagé à ne pas se laisser prendre s'il tenait à conserver sa tête sur ses épaules.

A part les événements qui se sont passés ici depuis deux jours, nous ne savons absolument rien. Nous sommes sans journaux et sans lettres, les lettres qui nous sont adressées s'accumulant à la poste restante de Turin. Sauf deux ou trois journaux italiens, je n'ai rien lu depuis dimanche dernier. Les événements se fabriquent à deux pas de nous, nos soldats font de l'histoire, mais les faits qui se passent partout ailleurs nous échappent. Toutes les troupes ont quitté Verceil ce matin; l'Empereur vient de partir tout à l'heure pour Novare, et la ville, livrée à elle-même, a un petit air mélancolique qui rappelle un peu la carcasse d'un feu d'artifice tiré la veille. J'espère que ma première lettre sera datée de Novare.

Novare, 2 juin.

Je n'ai pu quitter Verceil que ce matin à quatre heures, et j'étais à Novare à midi. Huit heures pour faire six lieues!... Petite vitesse! Le corps d'armée du maréchal Baraguey d'Hilliers est arrivé cette nuit à Verceil, et voilà comment, lorsque je voulus traverser le pont de la Sesia, je trouvai de la cavalerie, de l'infanterie et de l'artillerie qui s'étaient levées encore plus matin que moi. J'attendis une bonne heure pour prendre mon tour, et ma voiture se trouva enfin placée entre un caisson et une charrette d'auxiliaires. J'aurais eu des chevaux de pur sang à ma disposition que je ne serais pas arrivé une minute plus tôt.

Le pas a été, pendant tout le trajet, l'allure du convoi, et, avec un peu d'imagination, je pouvais me croire derrière une des files de voitures de la promenade de Longchamps. Cette façon de voyager a son charme. Elle permet au touriste de voir le paysage dans ses plus petits détails. Il est vrai de dire que l'aspect de la nature n'a rien de réjouissant. Comme nous traversons un pays où l'on se battait encore hier, on aperçoit, tout le long de la route, les vestiges de la bataille de la veille. Des chevaux morts et encore tout sellés, des champs de blé tellement foulés et piétinés, que toute la paille qu'on en pourrait tirer ne suffirait pas à remplir la toile d'une paillasse. A Borgo Vercelli, nous rencontrons la division Forey en marche, et nous remarquons de chaque côté du chemin le 17e bataillon de chasseurs, les 74e et 84e régiments de ligne, qui prirent une si glorieuse part à la journée de Montebello.

L'Empereur était arrivé la veille au soir à Novare, et je n'ai pas besoin de vous dire s'il a été accueilli avec reconnaissance. Novare, pendant tout le temps qu'elle a été au pouvoir de l'ennemi, c'est-à-dire pendant un mois et deux jours, n'était occupée que par 3000 soldats. La ville était obligée de leur fournir 500 sacs d'avoine par jour, et un nombre proportionnel de sacs de riz et de blé. Quant aux menus objets, soldats et officiers avaient déclaré qu'ils les payeraient de leurs deniers, et ils payaient en effet tout ce qu'ils achetaient dans les boutiques, mais en papier-monnaie. Comme ce papier est frappé d'une perte de 60 0/0, tout achat fait par un Autrichien se transformait en bénéfice pour lui et en perte pour le débitant, car l'acheteur, outre la marchandise qu'il prenait, se faisait rendre en argent par le vendeur, à titre de monnaie, une valeur de beaucoup supérieure à la somme totale du billet.

Un officier achetait un cigare d'un sou et offrait en payement un billet de vingt francs, qui en valait réellement huit; le débitant était forcé, sous peine d'être maltraité ou même fusillé, de lui compter en argent dix-neuf francs dix-neuf sous. Les Autrichiens avaient bouleversé, comme vous voyez, toutes les lois de l'économie politique; plus ils dépensaient plus ils s'enrichissaient, et ils dépensaient beaucoup.

A la suite des deux combats du 30 et du 31 il ne restait plus qu'à marcher sur Novare, cette dernière étape piémontaise sur la route qui mène en Lombardie. Le général Niel fut chargé de débusquer l'ennemi. Il s'avança donc hier matin à la tête d'une partie de son corps d'armée et rencontra deux ou trois cents hommes pour lui disputer le passage de la Gonia, petite rivière qui coule à un quart de lieue de Novare. Le 15e bataillon de chasseurs fut lancé contre l'ennemi, qui prit la fuite immédiatement, laissant en notre pouvoir deux pièces d'artillerie. Pas un coup de fusil ne fut tiré de part ni d'autre. A la porte Milano, les Autrichiens avaient placé deux canons qui saluèrent l'arrivée de nos troupes par une décharge à mitraille.

Ces deux canons furent pris à la baïonnette. Au Campo Santo on s'empara encore de deux autres canons, on fit deux cents prisonniers, et les troupes françaises entrèrent tambours battant dans Novare, comme dans une ville ouverte, aux acclamations des habitants qui criaient : Vive la France! vive l'Empereur! vive l'Italie! Il ne restait plus un seul Autrichien dans la ville. Tous les soldats ennemis sortaient par une porte au moment où les Français entraient par l'autre. Je ne sais si je me trompe, mais il me semble que c'est la première fois qu'il suffit de tirer quelques coups de fusil pour s'emparer d'une ville aussi importante. La prise de Novare nous a coûté deux hommes tués et quelques blessés. Décidément l'armée autrichienne est complétement démoralisée.

Au moment où je vous écris à la hâte ces quelques lignes, que la poste va emporter dans un quart d'heure, nos bataillons défilent dans les rues, musique en tête, et quittent Novare. Ils se dirigent, dit-on, vers Arona. Allons-nous suivre, pour aller à Milan, le chemin qu'a pris Garibaldi ?

Novare, 3 juin.

†Novare est une fort belle ville. Elle a une physionomie italienne très-caractérisée. Ses longues rues étroites bordées de grandes maisons, avec des balcons à tous les étages, s'enchevêtrent les unes dans les autres et forment un fouillis très-pittoresque. Depuis deux jours, la population demeure aux fenêtres pour voir passer les régiments qui arrivent ou qui partent, et chaque bataillon est couvert de fleurs et de bravos. Les promenades, qui sont la ceinture verdoyante de la ville, servent pour le moment de dortoir à nos troupes, campées sous de grandes allées de platanes. De ces remparts, dessinés en jardins, on voit étinceler le mont Rose, et se découper, comme un grand peigne ébréché, toute la chaîne des Alpes.

Si l'on veut se donner la peine d'escalader les trois cents marches du dôme, la vue est bien autrement magnifique. Le dôme est du reste transformé en observatoire militaire. Du haut de cette plate-forme, on aperçoit nos bataillons se dirigeant dans toutes les directions, ceux-ci vers le Tessin, ceux-là vers Robbio. Hier, vers sept heures, je distinguai très-distinctement des feux du côté de Trecate, c'est-à-dire sur la rive du Tessin.

Hier matin, le général Renaud, à la tête de sa division, attaquait vigoureusement deux divisions autrichiennes à quelques kilomètres en avant de Robbio. Le combat, commencé à dix heures, était terminé à deux heures après midi. La division Renaud avait culbuté l'ennemi, pris quatre canons et fait 500 prisonniers. On disait qu'à la suite de ce combat, non moins désastreux que les précédents pour les armes autrichiennes, l'ennemi s'était retiré en toute hâte de Robbio, tombée en notre pouvoir, et qu'il s'était replié sur Mortara.

Quand cette lettre vous parviendra, vous aurez appris par le télégraphe que nos troupes ont franchi le Tessin, et que notre armée campe déjà en Lombardie. La division des voltigeurs de la garde, commandée par le général Camou, quittait Novare hier matin vers dix heures et se dirigeait vers Trecate. A sept heures du soir on apprenait ici qu'après une faible résistance de la part de l'ennemi, les voltigeurs avaient passé le Tessin, et qu'ils s'étaient mis immédiatement à l'œuvre pour démolir les fortifications et les ouvrages de défense élevés par les Autrichiens dans ces derniers jours. On ajoutait, mais je ne garantis pas cette dernière nouvelle, qu'une demi-division ennemie (environ 5000 hommes) ayant été surprise et cernée par nos troupes avait été contrainte de mettre bas les armes, sans brûler une seule cartouche.

Toutes les nouvelles qui nous arrivent d'heure en heure sont excellentes pour nous, déplorables pour l'Autriche. L'armée autrichienne n'est pas seulement démoralisée, elle meurt de faim : des prisonniers ont déclaré qu'ils n'avaient pas reçu une seule ration depuis quatre jours, et ces malheureux se précipitaient avec voracité sur les aliments qu'on leur donnait. Un soldat que j'interrogeais tout à l'heure me disait : « Malgré toute notre bonne volonté de brûler des amorces, je crois que nous userons plus de souliers que de poudre. »

On assure que les Autrichiens, en se retirant, n'ont pas eu le temps de faire sauter le magnifique pont de San Martino, ce pont commencé en 1810 par les Français et qui a coûté 23 millions. L'homme chargé de mettre le feu à la mèche aurait été pris d'une telle peur à l'arrivée des Français, qu'il se serait sauvé sans même songer à exécuter l'ordre qu'il avait reçu.

Tous les récits qui nous parviennent prouvent que l'armée autrichienne a perdu toute foi dans sa force. On assure même que les soldats n'écoutent plus la voix de leurs officiers, et qu'une compagnie désignée pour aller occuper une position a nettement refusé d'obéir. Pour vous donner une idée de la stupeur dont sont frappés les Autrichiens, je vous citerai le fait suivant : Le 1er juin au matin, jour de la reprise de Novare par l'armée française, le directeur de nos lignes télégraphiques, n'attendant pas l'entrée de nos soldats, se dirige tout seul vers la ville, pénètre dans Novare, suit les fils de fer et arrive au bureau du télégraphe. Là, il trouve les employés autrichiens et leur intime l'ordre de se retirer au plus tôt, attendu qu'il vient s'installer à leur place avec ses employés. Les Autrichiens ne se le font pas dire deux fois, et ils décampent.

Pendant les trente-deux jours qu'il a occupé Novare, l'ennemi a frappé cette ville d'une contribution de guerre de trois millions. Le 29 mai, on exigea du syndic la livraison de 600 bœufs et une nouvelle somme de trois cent mille francs, laquelle devait être payée le 2 juin à midi précis. Les six cents bœufs furent amenés des environs dans les fossés des fortifications; mais les Autrichiens s'étant laissé enlever Novare le 1er juin, la municipalité eut l'indélicatesse de ne point courir après eux pour leur payer les cent mille écus. L'ennemi était en outre parti avec tant de vitesse, qu'il n'eut pas le loisir d'emmener les 600 bœufs, que l'intendance s'est empressée d'acheter au profit de l'armée française. Il n'y a de vraiment indifférent à ce revirement de choses que cet infortuné troupeau de bœufs : ils ne serviront pas de pâture aux Autrichiens, mais ils vont être dévorés par les Français.

Il serait difficile de vous dépeindre la joie des habitants de Novare, se retrouvant libres après un mois d'occupation. La municipalité a fait afficher ce matin, au coin de toutes les rues, une proclamation à l'armée française. « Nobles compagnons de l'armée sarde et italienne, défenseurs du bon droit et de la civilisation, valeureux représentants de la sainte solidarité des peuples, soyez mille fois les bienvenus dans notre cité ! Notre attente a été longue et pénible, notre cœur bien abattu par l'isolement de la ville au milieu de l'État, bien aigri par l'outrecuidance d'un ennemi qui, promettant d'un langage hypocrite le respect de toutes choses, ne respectait rien! Mais la présence des soldats de la grande nation française, qui viennent partager en frères, avec l'Italie et pour l'Italie, les dangers de la guerre nationale, et celle de leur chef, le grand Empereur, notre généreux allié, nous font oublier toute douleur et tout regret. Nous voilà à présent comme de pauvres exilés qui reviennent à leur patrie, qui revoient leurs frères et leurs amis longtemps désirés! Le souvenir de ce beau jour ne s'effacera jamais de nos cœurs. Nous en parlerons à nos enfants ; nous leur apprendrons, non pas la reconnaissance, le mot ne suffit pas, mais la fraternité qui va attacher désormais l'Italie à la France! »

Le roi Victor-Emmanuel, accompagné du maréchal Canrobert, est arrivé ce matin à sept heures; il est descendu à cheval devant le palais occupé par l'Empereur, et lui a officiellement annoncé l'occupation de Robbio par l'armée sarde et une partie de la division Canrobert. L'arrivée de Victor-Emmanuel a produit dans toute la ville une vive émotion. On s'est rassemblé de toutes parts sur la place du palais, dans les rues adjacentes, et quand le roi, qui n'est pas resté plus de trois quarts d'heure auprès de l'Empereur, est remonté à cheval pour aller se remettre à la tête de ses troupes, les cris : *Viva il re!* dix fois répétés, se sont élancés de toutes les poitrines. Les acclamations les plus énergiques l'ont suivi jusqu'aux portes de la ville, et il était déjà à une demi-lieue de Novare, sur la grande route, que les femmes accourues sur les remparts pour assister au départ du premier soldat de l'indépendance, agitaient encore leurs mouchoirs en signe de salut et d'allégresse.

Le bruit court que Mortara vient d'être emporté par nos troupes. Si le fait se confirme, toute l'armée autrichienne est en pleine déroute.

Vous pouvez maintenant juger par les résultats obtenus combien le plan hardi qui a fait rétrograder l'armée française de la droite vers la gauche, de Casteggio et Montebello vers Robbio, Verceil et Novare, a été habilement conçu et heureusement exécuté : pas une seule grande bataille n'a encore été livrée, mais partout où elles l'ont rencontrée, nos troupes ont battu en détail l'armée autrichienne.

Chaque jour de marche a été signalé par un pas en avant, chaque combat par une victoire. Notre armée, excitée par ses premiers succès, est désormais invincible. Jamais campagne ne s'est ouverte sous de plus favorables auspices. En quelques jours nous avons pris à l'Autriche une vingtaine de canons; nous lui avons fait de 7 à 8000 prisonniers, nous l'avons chassée de toutes les positions où elle s'était fortifiée, et elle ne nous a pris qu'un seul homme, un sergent, fait prisonnier à Casteggio !

Je vous écris très à la hâte et, passez-moi l'expression, un peu à la diable, vous racontant les faits au fur et à mesure des renseignements que je recueille à droite et à gauche, et c'est pourquoi je vous demande la permission de revenir sur le passage du Tessin. Après la résistance essayée pour s'opposer au passage, les Autrichiens se retirèrent précipitamment. Le général Niel, qui avait précédé la division des voltigeurs de la garde, plaça le 2$^e$ régiment de zouaves à la tête du pont et fit défiler ses troupes; les voltigeurs passèrent ensuite, et à cinq heures du soir le quatrième corps d'armée tout entier était campé de l'autre côté du Tessin, sur le sol lombard.

Le lendemain, le second corps passait à son tour. Il est probable que notre avant-garde est déjà à quelques lieues de Milan. L'armée sarde se dirige elle-même en ce moment vers le Tessin.

Je ne sais si l'Empereur quittera Novare aujourd'hui; on dit qu'il pourrait bien partir ce soir, mais rien n'est encore décidé. Dans tous les cas, si vous aviez à m'écrire, voici ma nouvelle adresse : Poste restante, à Milan.

Novare, 4 juin.

Il ne reste pas un seul Autrichien sur le sol piémontais, et, dans deux jours, l'armée alliée, forte de 150 000 hommes, sera tout entière en Lombardie. L'ennemi a perdu toutes ses positions de ce côté du Pô et du Tessin, et c'est désormais chez lui que la guerre va se faire. Nos soldats, qui connaissent mieux l'action sur le champ de bataille que les difficultés stratégiques, sont tous fermement convaincus qu'ils vont à Vienne au pas accéléré.

Je disais à un planton de l'hôtel où je suis descendu et qui est habité par un général : « Eh bien! nous allons partir pour Milan. — Oh! me répondit-il, Milan est *toisé*, nous y resterons le temps de tremper une soupe et nous filerons sur Vienne. »

Le fait est que le plan de campagne du général Giulay a tout à fait échoué. Le feld-maréchal Hess avait proposé de se renforcer en Lombardie et d'y attendre les alliés.

Giulay, au contraire, pensait qu'il fallait aller en avant et harceler les Français au moment même de leur arrivée, alors qu'ils n'avaient point encore reçu leurs munitions et leur matériel de guerre. Il espérait aussi pouvoir couper l'armée française entre Turin et Gênes. Pour que ce plan réussît, il aurait fallu que Giulay montrât plus de détermination et d'énergie. Il s'avance jusqu'aux portes de Turin, pour de là se diriger vers Suze; mais, cédant au désir de se rencontrer avec les Piémontais et alléché par l'espérance d'une victoire, il va chercher l'armée sarde à Novare et ne la trouve pas.

Pendant ce temps, 60 000 Français étaient entrés en Piémont par Gênes et par Suze. Giulay alors se porte vers le cours du Pô et le suit jusqu'à Stradella, pour défendre les défilés. Mais il n'avait pas prévu le contre-mouvement de l'armée française, qui, se reportant tout à coup de la droite vers la gauche, tombait à l'improviste sur les troupes autrichiennes et les battait à plates coutures dans toutes les rencontres.

On ne sait pour quelle raison on a fait en Autriche

et en Italie une si grande réputation militaire au comte Giulay. C'est un homme aimable et élégant dans un salon. A la tête de ses troupes ce n'est plus qu'un vandale; ce sont ses relations de famille plutôt que ses talents militaires qui ont fait de lui le commandant d'un corps d'armée. Son père était feld-maréchal.

Un colonel hongrois, qui est un peu le parent de Giulay, et qui ne se vante pas tout haut de cette illustre parenté, m'a raconté une anecdote qui donnera une assez triste idée de la capacité militaire du général autrichien. En 1848, il commandait à Trieste. A chaque instant on s'attendait à voir ce port attaqué par la flotte piémontaise, et Giulay, qui voulait faire du zèle, stimulait ses troupes et élevait fortifications sur fortifications. Une nuit, la ville se réveille au bruit de la canonnade. « Sont-ce les Piémontais? — Pas du tout. »

Giulay avait pris le disque de la lune rasant les flots à l'horizon pour le feu des vaisseaux ennemis, et il avait déchaîné tous ses tonnerres contre cet astre inoffensif. En France, un général coupable d'une pareille méprise aurait été enterré sous une pelletée de brocards et d'épigrammes; en Autriche, on ne vit dans ce fait ridicule que l'excès de zèle d'un bon serviteur, et Giulay obtint de l'avancement.

Hier matin, à onze heures, l'Empereur montait en voiture et allait à Trecate, gros bourg à une lieue et demie de Novare. C'est là qu'est réunie depuis vingt-quatre heures la garde impériale. A Trecate, l'Empereur monta à cheval et se dirigea vers le Tessin pour assister au passage des troupes, qui traversent le fleuve sur trois ponts, entre Turbigo et Magenta. Vers trois heures on entendait très-distinctement de Novare le bruit du canon dans la direction de Turbigo, une petite ville située au delà du Tessin. Je montai sur la plate-forme du dôme, et à l'aide d'une lorgnette je vis en effet la fumée qui s'élevait par bouffées derrière un petit bois. Je pus distinguer en deçà du Tessin un camp occupé par nos troupes et même les grand'gardes. Pendant trois heures le canon ne cessa de retentir.

Le soir on apprenait qu'un nouveau combat très-brillant pour nos armes avait eu lieu en effet à Turbigo. L'ennemi s'était avancé en assez grand nombre pour inquiéter notre armée, la harceler et lui disputer le passage. Il avait deux batteries, c'est-à-dire seize pièces de canon (dans l'armée autrichienne la batterie se compose de huit pièces). On lui répondit d'abord de notre côté par quelques volées d'artillerie, puis, après une canonnade d'une heure au plus, on lança les turcos. Ceux-ci n'avaient pas encore donné depuis le commencement de la campagne, et, s'il faut dire toute la vérité, le beau fait d'armes des zouaves au combat de Palestro avait un peu troublé leur sommeil.

Je ne sais si les turcos avaient oublié leurs cartouches ou si, comme ils l'avaient dit en partant de Gênes, ils les avaient jetées dans un torrent pour ne pas traîner un poids inutile, mais ils se précipitèrent vers les canons sans tirer un coup de fusil. Un officier, qui assistait à cette affaire, m'a raconté que jamais encore il n'avait été témoin d'un spectacle aussi extraordinaire. Au signal du clairon, les turcos s'éparpillant dans toutes les directions, se couchant à plat-ventre et s'avançant par bonds gigantesques, ressemblaient plutôt à des tigres qu'à des hommes. Chaque fois qu'ils se relevaient pour bondir en avant, ils poussaient un cri aigu qui dominait la voix de l'artillerie. C'était effrayant. Ils étaient à peine à la moitié du trajet qu'ils avaient à parcourir qu'une batterie ennemie, voyant s'avancer sous la pluie de la mitraille ces grands diables noirs, détala au grand galop des chevaux, après avoir craché sa dernière bordée.

Les turcos, furieux de voir une partie de leur proie leur échapper, redoublèrent d'ardeur et tombèrent comme la foudre sur les canons restés en ligne. Ils clouèrent les canonniers sur leurs pièces, massacrèrent tous les hommes à la portée de leurs baïonnettes, et revinrent avec sept canons qu'ils avaient pris au pas de course. L'Empereur assistait à ce fait d'armes, qui fait le pendant de celui de Palestro. Chose étrange! les turcos n'ont eu qu'un petit nombre de blessés et une dizaine de tués. Voilà les turcos tranquilles désormais. Les lauriers des zouaves ne les empêcheront plus de dormir.

Vous comprenez combien de pareils faits d'armes popularisent dans une armée le régiment qui les a accomplis. Depuis l'affaire de Palestro, il n'était plus question ici que des zouaves; les zouaves étaient les héros de toutes les aventures et le sujet de toutes les conversations. Un zouave ayant pris un canon, avait attelé à sa pièce deux Autrichiens, et s'était fait traîner par eux, comme un triomphateur antique. Un autre, ayant reçu un coup de baïonnette à la joue, racontait qu'il lui avait été donné par un enfant de seize ans, au moment où, lui, le zouave, ne se défiant de rien, passait son chemin sans seulement faire attention à cet ennemi microscopique; mais que ce coup de pointe dans le visage ayant éveillé son attention, il avait pris le petit Autrichien, l'avait lié à un arbre et lui avait dit: « Tu ne sais pas encore ton état, mais regarde-moi faire, » et qu'à la suite de cette courte harangue, il avait embroché quatre croates sous les yeux du petit, auquel le zouave avait définitivement donné la liberté.

Je n'en finirais pas s'il me fallait vous raconter toutes ces histoires, qui sont les récits homériques du camp. Il est probable qu'à la suite de l'affaire de Turbigo, ce sont les turcos qui vont occuper la scène à leur tour, jusqu'à ce que d'autres les remplacent.

Ce matin à sept heures, la division Cialdini, venant de Palestro, traversait Novare au milieu d'une pluie de fleurs. Cette division, à la tête de laquelle marchaient Cialdini et le général Broglia, se dirigeait vers le Tessin. Je remarquai (surtout parmi les *bersaglieri*) que beaucoup d'officiers manquaient à la tête des compagnies, lesquelles étaient commandées par des sergents. Quelques soldats des 9e, 10e et 16e régiments de ligne avaient des taches de sang noir sur leur uniforme; d'autres portaient des capotes en lambeaux. Le drapeau du 16e de ligne sarde était glorieusement déchiré par les balles. La population était ivre d'enthousiasme.

Au delà du Tessin, nos troupes sont établies sur trois points, à Gallarate, à Magenta et à Castano, où l'on a enlevé deux canons aux Autrichiens. On m'assure que notre avant-garde campera ce soir dans les faubourgs de Milan.

L'Empereur vient de repartir vers le Tessin, mais je crois qu'il reviendra ce soir à Novare. On dit qu'il ne partira définitivement que demain matin pour la capitale de la Lombardie.

Novare, 5 juin, 6 h. du matin.

J'ai été hier à Turbigo, où les turcos s'étaient si bien battus la veille. Les trois routes qui mènent au Tessin étaient naturellement couvertes de canons, de caissons d'artillerie, de régiments en marche et d'équipages de toutes sortes. Après une course de trois quarts d'heure par des chemins de traverse, j'arrivai sur un plateau où je vis le Tessin, coulant entre deux collines boisées et roulant des eaux jaunes comme de l'ocre. Nos troupes franchissaient le fleuve sur deux ponts de bateaux, la tête de colonne étant sur la rive lombarde, pendant que les divisions qui suivaient à la file s'étendaient jusqu'aux portes de Novare. Les difficultés qu'éprouve une armée marchant en bon ordre donne l'idée de ce que doit être une déroute. Je descendis jusqu'au bord du fleuve et je passai sur la rive gauche.

J'étais avec un colonel hongrois condamné à mort par l'Autriche depuis le 2 juin 1849, et qui éprouva une joie d'enfant à fouler ce sol lombard où, depuis dix ans, il lui était défendu de mettre le pied.

En revenant vers six heures du soir, nous vîmes sur une hauteur un nombreux état-major, au milieu duquel je reconnus le roi Victor-Emmanuel. Il regardait à travers une lunette un point de l'horizon. Je tournai mon regard vers le point qui fixait l'attention du roi et de ses généraux, et je distinguai une fumée grisâtre se condensant, comme un grand nuage, au-dessus du village de Boffalora. Je m'informai auprès d'un officier sarde et j'appris qu'on se battait depuis cinq heures sur la droite de l'autre côté du Tessin. Jusqu'à présent, nous n'avions eu que des combats. La journée du 4 juin devait être signalée par une bataille.

Les Autrichiens avaient exécuté sur la rive gauche du Tessin le même mouvement que l'Empereur sur la rive droite, et ils se transportaient à marche forcée, des bords du Pô vers ceux du Tessin. Une partie de nos troupes ayant déjà franchi le fleuve et se dirigeant sur Milan, le général Giulay avait conçu le projet de couper notre armée, dont une partie se serait éparpillée en Lombardie pendant que l'autre restait en Piémont. La division des grenadiers de la garde, composée de trois régiments et d'un régiment de zouaves, occupait une position avancée à droite du pont, entre Boffalora et Magenta. Cette division représentait de 8 à 9000 hommes et elle n'avait qu'une demi-batterie.

Vers midi, 50 000 Autrichiens, avec 60 pièces de canon, attaquèrent cette colonne d'avant-garde. Nos soldats firent bonne contenance et repoussèrent l'ennemi qui, voyant le petit nombre des nôtres, revint à la charge avec plus d'impétuosité. Les Autrichiens furent repoussés une seconde fois, puis une troisième. Pendant une heure et demie le second régiment eut à soutenir à lui seul le choc répété de toute une division autrichienne. Pendant quatre heures la garde, assaillie, mitraillée, ayant à se défendre de tous les côtés à la fois, resta immobile et ne recula pas d'une semelle. L'arrivée simultanée du maréchal Canrobert, qui rebroussa chemin aussitôt qu'il sut que l'ennemi attaquait son flanc droit, et du général Mac-Mahon, qui accourait à la tête de deux divisions, vint changer la face des choses. Nos troupes prirent l'offensive et attaquèrent l'ennemi avec une telle vigueur qu'il ne résista plus que mollement. A neuf heures la bataille de Boffalora et de Magenta finissait par la déroute de l'armée autrichienne. Le nombre des prisonniers est incalculable. On parle de 10 000.

Si les pertes de l'ennemi sont immenses, les nôtres sont grandes; cette victoire nous a coûté cher. Deux généraux ont été tués : le général de division Espinasse et le général Cler, qui avait pris une si glorieuse part à la guerre de Crimée. On dit aussi que trois colonels sont morts et que plusieurs officiers supérieurs sont gravement blessés. Le général Mélinet a eu deux chevaux tués sous lui, mais il est sauf. On dit que le général Mac-Mahon a eu également un cheval tué sous lui.

Je ne peux vous donner aujourd'hui que des renseignements très-vagues. Depuis hier l'Empereur a quitté Novare, et il ne reste plus personne ici auprès de qui s'informer. L'Empereur est demeuré pendant tout le temps de la lutte sur le champ de bataille. Cette nuit, il a couché à San Martino, village situé à quelques pas de Boffalora.

L'ennemi est en pleine déroute; la cavalerie le poursuit depuis hier au soir, le sabrant et lui faisant des prisonniers. On assure que 6000 Autrichiens sont restés sur le champ de bataille. Cette journée tiendra une grande place dans nos annales militaires. Demain je vous enverrai de nouveaux détails, mais je suis obligé de m'arrêter. Je pars dans cinq minutes pour Milan.

Novare, 5 juin au soir.

L'homme propose et les événements disposent. Je ne croyais guère revenir à Novare, lorsque je me lançais ce matin à sept heures sur la route de Milan, la *contrada di Milano*, ainsi que cela est écrit sur le poteau indicateur planté en dehors de la ville. J'étais si pressé d'entrer en Lombardie que c'est à peine si j'ai pris le temps de vous raconter notre victoire de Boffalora. Je voulais arriver à Milan avant l'entrée de l'Empereur, pour être témoin de l'enthousiasme de ces populations lombardes qui depuis si longtemps nous appellent et nous attendent. Je me représentais l'ivresse de tout ce peuple délivré de l'oppression autrichienne, saluant ses libérateurs, et je me serais toujours reproché de n'avoir pas tout tenté, le possible et l'impossible, pour assister à ce grand spectacle.

Je partis donc ce matin à sept heures, mais, à dix heures, je n'étais encore arrivé qu'à Trecate, un gros bourg qui n'est éloigné que d'une lieue et demie de Novare. J'avais dû prendre la file derrière les éternels fourgons qui encombrent toutes les routes. Pour arriver plutôt au quartier général, je descendis de voiture et je me dirigeai, à pied, vers San Martino. Le long du chemin je rencontrai, de distance en distance, des charrettes pleines de blessés ; quelques-uns, qui avaient été touchés au bras ou à la main, suivaient à pied et, n'était le linge ensanglanté roulé autour de leur bras, on n'aurait jamais cru voir en eux les glorieux mutilés de la bataille de la veille. Je causai avec plusieurs d'entre eux, même avec ceux qui étaient étendus dans les charrettes, et tous parlaient avec exaltation de leur victoire. « Ah ! quelle *trempée* ils ont reçu ! mais, ajoutaient-ils, cette fois, ils se sont crânement défendus. » J'ai parlé avec bien des blessés, dans ces derniers temps, à Alexandrie, à Voghera, à Montebello, à Palestro, et je déclare que je n'ai jamais surpris dans leurs paroles une plainte ni un regret. Les fatigues des longues marches, les privations, les blessures même, tout cela n'est, pour ces hommes excités par le point d'honneur militaire, qu'un détail sans importance, qui se perd dans la synthèse de la victoire.

San Martino, quartier général de l'Empereur, est un village d'une soixantaine de maisons, à un kilomètre en deçà du Tessin. Il occupe sur la rive droite du fleuve à peu près la même position que Boffalora sur la rive gauche. Aujourd'hui il est occupé par toute la division Baraguey d'Hilliers, qui s'apprête à franchir le Tessin. En arrivant, je remarque du côté de la station un immense camp retranché, construit par l'ennemi, et défendu, d'un côté, par les remblais du chemin de fer, de l'autre par un énorme fossé aussi large que les fossés creusés autour des places fortes. Tous ces travaux ont été exécutés en pure perte, les Autrichiens ayant évacué San Martino presque sans combat. Une maison, placée en tête du village comme une vedette, a été démolie par l'artillerie ennemie. Quant au village, il est littéralement ruiné.

Je ne veux pas seulement parler des champs des environs, qui ont été piétinés par les sabots des chevaux, des moissons broyées par les pièces d'artillerie et les caissons, des récoltes perdues à deux lieues à la ronde ; les Autrichiens en se retirant n'ont pas laissé aux habitants une écuelle pour boire de l'eau. L'Empereur est logé dans la seule auberge du village, *l'albergo di San Martino*, et l'on n'a pas trouvé dans cette auberge une chaise, un banc, une assiette. Les généraux, les officiers d'ordonnance couchent sur le parquet, roulés dans leurs manteaux. Tout le monde vit à la cantine, l'officier et le soldat, et, pour avoir un malheureux verre de vin, il faut prendre la file et attendre pendant un grand quart d'heure, sous les feux d'un soleil accablant.

Dans les fossés, sur les places, sur les routes, des soldats harassés dorment, et les voitures se rangent sur les côtés pour ne pas les écraser. Quand le clairon sonne la halte d'une colonne en marche, on voit les fantassins déboucler leur sac, le poser à terre, s'en servir comme d'un oreiller, et s'endormir à peine couchés. Au bout d'un quart d'heure, le clairon sonne la marche, et tout le monde s'éveille au premier son. Les sacs sont bouclés de nouveau, on se remet en rang, et l'on part pour se rendormir à la halte prochaine.

A côté de l'auberge occupée par l'Empereur est le bâtiment de la douane sarde. C'est là qu'ont été empilés les prisonniers. Les bureaux de la station ont été transformés en ambulances. Les chirurgiens vont et viennent d'une salle à une autre salle, pansant les blessés français et autrichiens, couchés sur la même litière de foin et de paille. La victoire est surtout belle de loin : il ne faut pas la voir de trop près, le lendemain de la bataille.

Pendant que j'examinais ces blessés, dont les moins malades étaient dirigés, après un premier pansement, vers Novare, j'entendis retentir le canon de l'autre côté du Tessin. Était-ce une nouvelle bataille qui commençait? Les soldats frémissants se plaignaient de l'encombrement des ponts. J'appris que le maréchal Canrobert était parti à trois heures du matin à la poursuite de l'ennemi. C'était son corps d'armée qui était aux prises avec l'ennemi.

Cette nouvelle nous fit faire de sérieuses réflexions. Les chemins de Milan n'étaient point encore ouverts, ainsi qu'on nous l'avait affirmé à Novare ; les Autrichiens continuaient à tenir la campagne, et nous n'avions d'autre recommandation auprès d'eux, si nous tombions entre leurs mains, que nos saufs-conduits français et piémontais, qui nous auraient fait fusiller sur l'heure comme espions. Cette perspective n'ayant rien de réjouissant, nous ajournâmes notre voyage et nous ne franchîmes le Tessin que pour aller visiter le champ de bataille de Boffalora.

Boffalora, où était établie la douane autrichienne, est perchée sur une colline escarpée. Les Autrichiens l'avaient occupée dans la nuit qui précéda la bataille, et s'y étaient formidablement retranchés au nombre de 50 000 hommes ; leurs grand' gardes et leurs avant-postes étaient placés de manière à dissimuler leurs forces, répandues dans les bois, derrière les bouquets d'arbres et dans les blés. La division des grenadiers de la garde envoyée en reconnaissance ne trouva d'abord qu'une faible résistance, les avant-postes de l'ennemi se repliant sur le gros de leur armée ; mais à peine la division eut-elle franchi le *Naviglio-Grande* que l'ennemi, démasquant ses batteries, fit pleuvoir une grêle de mitraille. En outre, les Autrichiens, disséminés aux environs et protégés par les bois, canardaient nos soldats presque à bout portant.

La garde, au lieu de battre en retraite, marcha droit à l'assaut de la position. Repoussée une première fois, elle revint à la charge, et fut ramenée jusqu'à quatre fois par ses généraux sous le feu de cinquante canons. Après trois heures de lutte héroïque, les positions avancées de l'ennemi étaient au pouvoir de nos troupes, qui les défendaient pied à pied, malgré l'immense disproportion du nombre. La division Espinasse arriva. Le général, s'apercevant que ses hommes avaient beaucoup à souffrir de la mousqueterie des Autrichiens cachés dans les blés, se lançait de ce côté suivi de son aide de camp, lorsqu'ils tombèrent frappés d'une balle, le général dans le poumon, l'aide de camp dans le cou. Tous deux étaient morts.

Le maréchal Canrobert était partout, stimulant les soldats et criant : En avant ! La bataille recommença avec plus d'acharnement de part et d'autre, les Autrichiens opposant une très-vive résistance. L'arrivée du général Mac-Mahon détermina enfin la retraite de l'ennemi, qui se retira dans le plus grand désordre, laissant en notre pouvoir trente pièces de canon et 6000 prisonniers. Le champ de bataille était jonché d'habits blancs, et je ne crois pas exagérer en portant à 5000 le nombre des morts de l'ennemi.

Les Autrichiens nous avaient enlevé quatre bouches à feu, mais trois ont été reprises par les zouaves.

De notre côté, nous avons eu de grandes pertes, mais il faut se défier de l'exagération du premier moment. « Ah ! monsieur, me disait ce matin un zouave blessé, il ne reste plus personne de chez nous. » Après informations, j'appris que le régiment des zouaves de la garde, un de ceux qui, avec le 3ᵉ régiment de grenadiers ont été le plus exposés, avait eu 200 hommes tués et 225 blessés. J'ai causé avec beaucoup d'officiers de tout grade, ils estiment de trois à quatre mille le nombre de nos hommes mis hors de combat.

Quand nous arrivâmes sur le champ de bataille, on enterrait les morts, et je peux affirmer que les cadavres autrichiens étaient trois fois plus nombreux que les cadavres français. On nous mena vers un coin de bois écarté où se trouvaient huit cadavres de zouaves autour desquels étaient étendus plus de cinquante cadavres autrichiens, tous traversés par la baïonnette. C'étaient ces huit zouaves qui, avant de succomber sous le nombre, avaient fait cette terrible hécatombe.

La vue de ce champ de bataille encore jonché de morts nous avait singulièrement remués. Au bout de dix minutes, j'éprouvai, pour ma part, un vif désir de repartir, et je fermai les yeux pour ne pas voir tous ces pâles visages contractés par la dernière douleur. Un homme coiffé d'un képi était tranquillement assis sur un tertre, et dessinait en plein soleil cette scène de désolation. Je m'approchai, et je reconnus M. Giacomelli, un des plus intrépides dessinateurs de l'*Illustration*.

Nous reprîmes tristement la route de San Martino. Au pont du Tessin, nous vîmes l'Empereur, qui présidait au défilé du premier corps d'armée. Notre voiture n'étant point encore arrivée au quartier général, nous prîmes le parti de continuer notre route à pied et d'aller à Trecate, d'où nous étions partis trois heures auparavant.

Avant d'arriver à Trecate, nous rencontrâmes un convoi de 1500 prisonniers qu'on conduisait à Novare. Deux soldats placés en tête, six autres par derrière, suffisaient à la conduite du troupeau. Quand je dis troupeau, je n'ai pas l'intention d'insulter des vaincus ; mais ce mot seul peut donner l'idée de l'aspect que présentait cette foule d'hommes démoralisés, abattus, baissant les yeux, et qui ne semblaient plus que des machines. Ils s'étaient rangés par nationalités. Les Hongrois marchaient en tête, les Croates et les Tyroliens au milieu, et le convoi était fermé par les Lombards-Autrichiens. Ceux-ci formaient un contraste frappant avec les Tyroliens et les Croates. Autant ces derniers avaient le regard triste et douloureux, autant le visage des autres était rayonnant. « Nous sommes Lombards, criaient-ils ; mort à l'Autriche ! et vive l'Italie ! » Étrange influence de la discipline ? un officier, qui avait vu ces Lombards à l'œuvre pendant l'action, nous disait qu'ils s'étaient très-bien battus dans les rangs. Loin du regard de leurs officiers et de leurs caporaux, ils s'abandonnaient à leurs sentiments patriotiques, et paraissaient plus heureux d'être les prisonniers de la France que les soldats de l'Autriche.

En entrant dans la cour d'une auberge de Trecate, je rencontrai un clairon du 85ᵉ régiment de ligne. « Est-ce que votre régiment n'a pas donné hier à Boffalora ? lui demandai-je. — Oh ! oui, répondit-il ; et il a si bien donné qu'il n'en est pas mieux portant pour ça. Nous avons beaucoup souffert, nous et le 52ᵉ, qui se battait à notre gauche. — Et comment vous trouvez-vous ici ? — Voilà la chose, dit le clairon, à qui je laisse la parole. Mon colonel, M. Véron de Bellecourt, a reçu huit blessures pendant que nous étions à nous *chamailler* avec les Autrichiens. Le lieutenant-colonel ayant été gravement blessé lui-même, le colonel, qui ne pouvait plus se tenir à cheval, ne savait à qui remettre le commandement du régiment, lorsque le chef du second bataillon, frappé d'un éclat d'obus à la jambe, un bon officier, ma foi ! nommé M. Taconnet, s'approche du colonel et lui dit : « Je suis blessé, mais ça ne fait rien, mon colonel, et, si vous voulez, je suis votre homme. — Ça va, » dit le colonel. Pour lors il m'appelle : « Pajol, allons-nous-en ! » Je mets le colonel dans une voiture et je l'amène ici. Puis, ce matin, il est parti pour Novare, et moi je retourne à la gamelle. C'est égal, continua-t-il, je suis content tout de même, parce que le colonel n'en mourra pas. Malheureusement il est toujours perdu pour le régiment. Tout le monde dit qu'il va être fait général ; ce sera une perte pour le 85e !

« Je me suis battu en Afrique et en Crimée, continua le clairon, mais nulle part ça n'a été plus chaud qu'hier. Figurez-vous que, pendant que nous nous *chicanions* avec un régiment de Croates, voilà que je mets la main sur un officier. Je le tenais à deux pas, au bout du canon de mon fusil. « Rendez-vous, capitaine ! que je lui dis. — Non ! qu'il répond. — Vous avez tort ; rendez-vous ! — Non. — Une fois.... deux fois.... — Non ! non ! » Pour lors je lâche la détente et je l'abats. Eh bien, messieurs, ça m'a fait de la peine : c'était un beau garçon de vingt-cinq ans, et il avait peut-être une famille.

— Et parmi vos officiers, lui demanda l'un de nous, y en a-t-il beaucoup qui aient succombé ? — Cinq tués, dit-il, puis le colonel blessé, le lieutenant-colonel blessé et deux chefs de bataillon blessés. Ah ! reprit-il, et le drapeau que j'oubliais ; lui aussi a été *blessé*. — Le porte-drapeau ? — Non, le porte-drapeau n'a rien eu, mais le drapeau a été *blessé*, et crânement, de deux balles. Il avait déjà reçu trois blessures en Crimée, ça lui en fait cinq, mais il est encore solide. »

Pour ces braves gens, le drapeau n'est point une chose, mais un être animé. C'est l'ami de tous les jours autour duquel on se rassemble à l'heure du combat. Tant qu'il est debout, déroulant ses plis tricolores, rien n'est perdu. Ce soldat parlant des blessures de son drapeau était touchant et sublime. Gloire, honneur, drapeau, généreuses fictions, c'est vous qui gagnez les batailles !

En entrant à Novare, j'apprenais que le maréchal Canrobert, qui s'était mis dès le point du jour à la poursuite de l'ennemi, était revenu à son quartier général avec trois mille nouveaux prisonniers. Toute l'armée française est, à l'heure qu'il est, en Lombardie, et il ne reste plus un soldat à Novare. L'armée piémontaise, de son côté, a passé le fleuve sur le pont de Turbigo. Nous avons donc désormais une armée de près de deux cent cinquante mille hommes à opposer aux forces de l'ennemi. J'attends des nouvelles de San Martino pour savoir si le grand quartier général s'est porté en avant.

Novare, 6 juin, huit heures du matin.

Je viens de voir arriver ici une colonne de 3000 prisonniers, parmi lesquels marchait le curé de Magenta. Il avait caché dans son presbytère des Autrichiens qui avaient tiré sur nos troupes. D'autres prisonniers étaient déjà arrivés cette nuit en grand nombre. On dit qu'un nouveau convoi, se dirigeant vers Novare, est en ce moment à Trecate. Nous espérons toujours partir pour Milan ce soir ou demain matin.

P. S. J'ouvre ma lettre pour vous parler d'une scène à laquelle je viens d'assister. J'ai été voir tout à l'heure 5000 prisonniers enfermés dans un couvent de Novare. Parmi ces 5000 prisonniers, il y avait soixante-dix-sept officiers. Un des prisonniers lombards se vantait tout haut d'avoir déserté. Un capitaine croate, pâle de fureur, s'avance aussitôt vers lui et lui dit qu'il est un misérable et un menteur. Le Lombard veut répliquer, le capitaine le frappe à la figure. Des Lombards veulent venir au secours de leur camarade, mais les Croates font mine, de leur côté, de défendre le capitaine. Les soldats français préposés à la garde des prisonniers parviennent cependant, avec beaucoup de peine, à rétablir l'ordre. J'ai vu le moment où les Autrichiens et les Lombards allaient se livrer une bataille à coups de poing. Le syndic, que j'ai rencontré tout à l'heure m'a dit qu'on allait s'occuper de séparer les Lombards des Autrichiens. On fera bien.

La division Mac-Mahon est entrée à Milan.

Milan, 7 juin.

Me voilà enfin à Milan! Je ne crois pas que les Hébreux aient autant soupiré après la terre promise que votre serviteur après la capitale de la Lombardie. Quatre jours de blocus à Novare! J'ai quitté cette aimable ville ce matin à trois heures, et à dix heures j'étais à Magenta. De Novare à Magenta, il y a, ma foi, bien deux lieues de pays. Les routes étant toujours aussi encombrées de fourgons et de bagages, il m'aurait fallu au moins une dizaine de jours pour arriver à Milan si je n'avais trouvé à Magenta le commandant du poste de la station, lequel me plaça dans un convoi de prisonniers blessés transportés par le chemin de fer, et c'est ainsi que j'ai fait mon entrée dans la ville lombarde au milieu des blessés et des prisonniers autrichiens. . . . . . . . .

Mais avant de vous parler de Milan, permettez-moi de revenir sur la bataille de Magenta, dont je ne vous ai dit encore que la première partie. Vous savez que la division des grenadiers de la garde luttait à Boffalora avec une énergie héroïque contre des forces dix fois supérieures. Le général Giulay, qui croyait s'apercevoir que, malgré tout le courage déployé par elle, cette poignée d'hommes finirait par succomber, avait déjà écrit à l'empereur d'Autriche pour lui annoncer que la victoire était certaine; mais il n'avait pas prévu l'arrivée inopinée du général Mac-Mahon, qui, débouchant de Turbigo, venait menacer le flanc droit de l'armée autrichienne. Cette armée, arrivée à marche forcée de Mortara et de Vigevano, était forte, d'après les rapports officiels, de plus de 80 000 hommes. Elle se composait de quatre divisions : la division Lichteinstein, la division Zobel, la division Clam et la division Schwartzenberg. Le général Giulay était fortement établi dans une ferme située entre Boffalora et Magenta. Le feld-maréchal de Hess assistait à la bataille sur les derrières de l'armée. Les forces du général Mac-Mahon étaient de 30 000 hommes, la division La Motterouge et la division Espinasse, auxquelles vint se joindre un peu plus tard la division des voltigeurs de la garde. Le général Mac-

Mahon avait reçu l'ordre de se porter sur Magenta et de s'en emparer à tout prix. Il commença par ramener vigoureusement l'ennemi qui, croyant n'avoir affaire qu'à la division qui se débattait à sa gauche, fut tout surpris de se voir assailli sur la droite. Un engagement très-vif eut lieu à la ferme dont je vous parlais tout à l'heure, et après une heure de combat opiniâtre, elle fut emportée. Le général Mac-Mahon, poussant toujours l'ennemi, le rejetait sur Magenta. Quand il l'eut ramené jusqu'à ce village, il se précipita comme la foudre et entra dans les rangs de l'armée autrichienne comme le coin dans le bois; la lutte devint acharnée, épouvantable. Le général Mac-Mahon, à la tête de son escorte, s'empara lui-même d'une pièce d'artillerie, et fit les servants prisonniers. L'ennemi résistait encore, lorsque la division des voltigeurs de la garde déboucha au son de tous les clairons; alors ce fut une boucherie d'Autrichiens. La voie du chemin de fer qui sépare Magenta du champ de bataille conquis pied à pied par nos troupes, fut jonchée d'habits blancs. A sept heures, tout le champ de bataille était à nous; mais l'ennemi s'était retranché dans les maisons de Magenta, et il fallait l'en déloger. Le siége de chaque maison fut entrepris. On se fusillait presque à bout portant. Les murailles crénelées faisaient de chaque bicoque une forteresse que nos soldats enlevaient à la baïonnette. C'était une lutte dans les escaliers, dans les chambres et jusque dans les caves. Vers la fin du combat, les Autrichiens, épuisés, se rendaient par centaines, et deux régiments tout entiers, enveloppés par les nôtres, mettaient bas les armes. Des soldats qui ont pris part à l'action m'ont dit que jamais ils n'avaient vu une lutte plus désespérée, et tant de blessés et tant de morts. A dix heures du soir, Magenta nous appartenait comme le champ de bataille, et l'ennemi battait en retraite dans le plus grand désordre. Nous lui avions pris un drapeau, des canons, des caissons, une grande partie de son matériel; les champs, la voie ferrée, le village, étaient pleins de ses morts, et nous lui avions fait un nombre incalculable de prisonniers. La victoire était complète.

J'ai traversé ce matin, dans toute sa longueur, le champ de bataille de Magenta; il embrasse à peu près de six à sept kilomètres de long, sur trois de large, et il n'est pas un pouce de ce terrain foulé par les hommes et les chevaux, qui ne porte la trace du drame sanglant dont il a été le théâtre; des képis, des bonnets bleus, des sacs déchirés, des souliers, des lambeaux d'uniformes, des baïonnettes tordues, des tronçons de sabres ensanglantés, des crosses de fusils, des chevaux morts, des cols lacérés, des fosses recouvertes d'une terre fraîchement remuée, tel est le spectacle que présente cette vaste étendue de terrain qui a été piétiné par plus de cent mille hommes. Ah! j'oubliais un détail! Un ami m'appelle pour me montrer quelque chose. Ce sont six cadavres d'Autrichiens bouffis et tuméfiés que l'on n'a point encore eu le temps d'ensevelir; à l'heure qu'il est, les corbeaux du lendemain, ces hommes qui suivent les armées pour ramasser les dépouilles des morts, font leur œuvre. Je vois des paysans accourus, je ne sais d'où, qui fouillent les sacs éparpillés, réunissent en un tas les souliers, les bonnets à poil, les chemises tachées de caillots de sang noir, les habits blancs et les capotes bleues, empilent le tout dans un grand sac de toile et emportent, sur leurs épaules, ces sanglants débris de la bataille.

Je faisais part, quelques instants après, à un officier, de la profonde horreur que m'inspiraient ces détrousseurs funèbres. « Leur cupidité nous rend service, me répondit-il; elle nous débarrasse de tous ces tristes et inutiles objets dont l'aspect éveille en nous tant de pensées douloureuses; n'ayons donc aucune reconnaissance pour ces misérables, mais laissons-les faire. Ces gens-là sont utiles comme le vautour qui dépèce le cadavre d'un cheval et emporte, loin des hommes, les lambeaux de chair putréfiée. »

En nous dirigeant vers la station du chemin de fer, nous vîmes, rangés sur les deux côtés de la voie, des milliers de fusils et des milliers de sabres, ramassés après la bataille. Un zouave, qui examinait avec attention ces armes autrichiennes, nous déclara que, de tous les champs de bataille qu'il avait vus en Crimée, aucun n'avait été plus ensanglanté que celui de Magenta. Le commandant chargé de diriger sur Milan les prisonniers et les blessés, nous invita, mes compagnons et moi, à déjeuner. Nous acceptâmes par pure politesse. Il nous conduisit dans la chambre où était installé son *bazar*; mais pour arriver à cette chambre, il fallait traverser la salle de la station, qui sert ordinairement à l'emmagasinage des marchandises. L'aspect de cette salle était encore plus lugubre que le champ de bataille que nous venions de parcourir. Une centaine de blessés étendus, les uns sur des matelas, les autres sur une simple litière de paille, présentaient, dans sa réalité sinistre, le tableau des plus atroces douleurs. Celui-ci râlait sans dire un mot, celui-là poussait des cris horribles, celui-là expirait au milieu des souffrances de l'amputation. A chaque instant, nos soldats, devenus des infirmiers, emportaient un cadavre encore chaud, qui faisait place à un nouveau blessé qu'on venait de découvrir dans une maison ou dans une cave du village. La scène qui m'émut le plus fut celle-ci : quatre soldats transportaient un blessé frappé d'un coup de baïonnette dans le ventre; c'était un major autrichien, d'une belle et douce figure; il pouvait avoir trente ans.— Ses yeux deviennent blancs, dit un des quatre soldats. On déposa par terre le major, dont le calme visage portait déjà l'empreinte de la sombre majesté de la mort. Un aumônier arriva, qui dit une prière et appliqua la croix de son chapelet sur les lèvres du moribond; aussitôt un prisonnier adressa en allemand quelques mots au commandant français. — Faites, répondit celui-ci. Le soldat autrichien prit la main gauche du major, retira deux bagues passées dans l'annulaire, croisa les doigts de la main gauche de l'officier avec les doigts de la main droite, puis se mettant à genoux, il murmura quelques paroles, embrassa le major sur le front, et se retira avec deux grosses larmes dans les yeux. Tous nos soldats pleuraient. — C'était le servant du major, et il enverra les bagues à la famille, me dit le commandant d'une voix rude pour dissimuler son émotion.

En ce moment, des soldats amenaient au commandant quatre nouveaux prisonniers : un colonel, un capitaine et deux lieutenants. Le colonel avait été frappé d'une balle au pouce de la main droite; on le pansa, et le chirurgien lui fit espérer que la blessure guérirait peut-être sans qu'on eût besoin de recourir au bistouri. Le capitaine parlait très-bien le français. Il nous dit qu'en arrivant de Vigevano au pas accéléré, il était tombé au milieu des Français, dans Magenta, qu'il croyait occupée par les Autrichiens; qu'il s'était défendu contre nos troupes, mais qu'ayant perdu tous les hommes de sa compagnie, moins une vingtaine, il s'était jeté au milieu des voltigeurs de la garde pour être tué d'un coup de baïonnette. « La mort n'a pas voulu de moi, ajouta-t-il, mes hommes m'entraînèrent dans une maison où nous pûmes tenir encore pendant vingt minutes. Tout étant perdu, je montai sur le toit de la maison, et j'y restai deux jours et deux nuits, caché derrière une cheminée, espérant toujours que les Français quitteraient le village et que je pourrais rejoindre mon drapeau. Enfin, mourant de faim et de soif, je me suis rendu, parce que l'on m'a dit que je pourrais conserver mon épée.

— Vous la garderez, capitaine, répondit le commandant, et ces messieurs, qui sont vos compagnons d'infortune garderont aussi la leur. Prenez un peu de bouillon d'abord, et vous nous ferez ensuite l'honneur de déjeuner avec nous. »

On apporta du bouillon aux officiers qui le prirent par petites gorgées. L'un des deux lieutenants était un jeune homme de vingt-deux ans, doux et timide comme une jeune fille. Je lui demandai en italien s'il voulait accepter un cigare. — Oh! oui, répondit-il en rougissant, il y a si longtemps que je n'ai fumé! »

« Capitaine, dit le commandant à l'officier qui comprenait le français, vous pouvez rendre service à quelques-uns de vos compatriotes. Depuis hier nous avons découvert dans les caves du village plus de 500 de vos malheureux soldats, dont beaucoup étaient blessés, et je suis certain qu'il y en a encore dans les caves de la maison même où nous sommes. Vous voyez comment nous traitons les prisonniers et les blessés. Voulez-vous descendre dans la cave avec un de nos hommes et appeler les soldats qui pourraient être cachés dans des barriques ou derrière des piles de charbon ? »

Le capitaine descendit aussitôt avec un caporal, et bientôt il ramena deux spectres. L'un de ces hommes avait été frappé d'une balle à la tête, mais le cuir chevelu seul avait été entamé. On s'empressa de leur donner du bouillon, et ils l'avalèrent avec avidité. Après le déjeuner, un train étant arrivé de Milan, le commandant donna l'ordre de transporter les blessés des salles de la station dans les wagons. Tous nos soldats se mirent à l'œuvre, et je vous assure qu'une mère ne porterait pas avec plus de soin, de précaution et de sollicitude son enfant malade, que ces zouaves, ces chasseurs d'Afrique et ces soldats de la ligne ne portaient leurs ennemis blessés.

Avant de prendre place dans le convoi, je vis amener, les mains liées derrière le dos, un être trapu avec une figure ignoble, le type de la bassesse et du crétinisme. C'était un espion. « *Di dove sei?* lui demandai-je. — *Di Parma, signore*. — Est-ce qu'il faut fusiller cet animal-là, dit un officier au commandant. — Non! répondit le commandant, il ne vaut pas un coup de fusil. Qu'on l'envoie à Milan avec les autres prisonniers. » Cet homme paraissait n'être en effet qu'un idiot. A tout ce qu'on lui disait il répondait invariablement : *Si signore*. — Tu es donc un espion ! — *Si signore*. — Tu sais que tu seras fusillé ? — *Si signore*. Et il était impossible de surprendre sur son visage un éclair d'intelligence.

Je montai en wagon avec le colonel et les trois autres officiers autrichiens. Dans le trajet le capitaine prisonnier me disait : « Nous sommes vaincus, mais non découragés, et je crois que la guerre sera longue. Nos soldats n'ont pas les brillantes qualités des vôtres, mais ils se défendront avec opiniâtreté. Quoi qu'il arrive, croyez-bien que je n'oublierai pas l'accueil qui m'a été fait ici, et si jamais j'ai le bonheur de revoir mon drapeau, tout officier français prisonnier sera pour moi un frère. »

A notre arrivée à Milan je ne me séparai pas de ce loyal soldat, sans lui serrer la main.

Milan, 8 juin.

Il est sept heures du matin, tout le Corso est inondé d'une foule immense; les femmes aux balcons et aux fenêtres tiennent à la main d'énormes bouquets de fleurs et de lauriers. Vers sept heures un quart l'Empereur et le roi de Piémont, qui arrivent de Quarto Cagnino, font leur entrée dans Milan. Quand les cent-gardes qui marchent en tête du cortége commencent à défiler dans le Corso, les vivat éclatent pour ne plus cesser; à la vue de l'Empereur et de Victor-Emmanuel les bouquets et les couronnes, lancés de toutes les fenêtres, forment une litière de roses et de lauriers; les femmes agitent leurs mouchoirs, et, le corps penché sur la rampe des balcons, elles semblent vouloir se précipiter. C'est la frénésie de l'enthousiasme.

Ce Corso a un aspect merveilleux. Tous les balcons sont recouverts d'étoffes en soie ou en velours bordées de franges d'or. Toutes les femmes, coiffées en cheveux, et beaucoup en toilettes de bal, dépouillent les orangers plantés dans des caisses de chaque côté des balcons et en jettent les feuilles sur les soldats. Chaque maison a au moins vingt drapeaux tricolores italiens et français. Les officiers agitent leurs sabres en signe de remercîment ; les femmes envoient des fleurs et des baisers ; la foule distribue des couronnes à chaque soldat qui passe. Ce n'est plus de l'enthousiasme, c'est du délire. Le roi Victor-Emmanuel marche au milieu de la rue, ayant l'Empereur à sa droite : l'Empereur, victorieux, veut montrer à l'Europe qu'il n'a point entrepris une guerre de conquête. Il n'entre, en quelque sorte, que le second dans la nouvelle capitale de Victor-Emmanuel.

L'armée sarde défile ensuite, et l'enthousiasme recommence. Puis l'Empereur, qui a été reconduire le roi à son palais, repasse par le Corso, après avoir été visiter les blessés français, et alors ce sont des cris, des trépignements, des pluies de fleurs et de couronnes, des démonstrations dont il est impossible de se faire une idée quand on ne connaît pas la nature expansive des populations méridionales. Des hommes du peuple se jettent littéralement sous les pieds du cheval de l'Empereur, obligé de l'arrêter court pour ne pas les écraser. Du Corso, l'Empereur se rend à la *villa Bonaparte*, où il a établi son quartier général.

En ce moment on affiche sur tous les murs une proclamation de l'Empereur aux Italiens. Cette proclamation, dont je ne vous parlerai pas, parce qu'elle sera connue à Paris longtemps avant l'arrivée de cette lettre, produit un grand effet sur toute la population.

La foule est tellement grande dans le Corso, que je n'ai pu aller au Dôme, qui n'est qu'à deux cents pas de l'hôtel de ville, où je suis logé. L'uniforme a seul le droit d'aller et de venir. Devant l'uniforme, les groupes les plus compactes s'ouvrent par le milieu pour lui laisser un passage libre. On ne peut se figurer le prestige qu'exerce aujourd'hui à Milan le galon de laine d'un simple caporal de l'armée française.

Un général de brigade traversait le Corso tout à l'heure, et le public, croyant reconnaître dans ce général le maréchal Mac-Mahon, criait de toutes ses forces : *Viva il duca di Magenta! viva il vincitore!* et les cris continuaient malgré les dénégations du général qui s'épuisait à dire : *Io non sono il maresciallo*; et les bouquets pleuvaient et les couronnes, et les cris retentissaient de plus belle : *Viva il vincitore duca di Magenta!*

Tout le monde ici porte la cocarde aux couleurs italiennes, et malheur à celui qui traverserait la rue sans le ruban tricolore à la boutonnière de son habit. Les femmes elles-mêmes arborent crânement la cocarde à leurs chapeaux et à leurs cheveux. Quelques-unes portent le ruban en sautoir. Cette ville de Milan est si heureuse de ne plus entendre retentir à toute heure le *wer geht da* des sentinelles autrichiennes, qu'elle est folle de joie, et que son ivresse éclate dans tous les gestes et dans tous les yeux de ses habitants.

Les troupes piémontaises entrées à Milan à la suite de Victor-Emmanuel ont pris possession des casernes occupées encore il y a quelques jours par les soldats de Sa Majesté Apostolique; quant au corps d'armée du maréchal duc de Magenta, qui est arrivé hier, il campe autour de la ville. Ici, comme à Gênes, messieurs les turcos obtiennent un grand succès de curiosité. Hier, on avait mis à leur disposition toutes les calèches de la ville, et depuis midi jusqu'au soir ils n'ont pas cessé de se faire voiturer dans le Corso, recevant les *bravi*, les bouquets, et envoyant des saluts aux dames comme s'ils n'avaient jamais fait autre chose de leur vie.

Des Milanais m'affirment que les quelques prisonniers faits par les Autrichiens au combat de Boffalora ont été promenés pendant toute une demi-journée dans les rues de Milan ; derrière eux suivait la pièce d'artillerie qui nous a été prise à la même affaire. Nous avons, Dieu merci! agi tout différemment. Les prisonniers avec lesquels je suis arrivé hier de Magenta ont été conduits dans Milan par un chemin détourné, au moment où toute la population se portait vers le Corso pour voir défiler les bataillons français.

Le roi Victor-Emmanuel n'a pas voulu prendre possession du palais royal, qui était la demeure des archiducs. Il est descendu au palais Busca, autrefois Serbelloni.

Au moment de fermer ma lettre, on vient m'annoncer qu'un corps d'Autrichiens s'est porté vers Milan, et qu'on se bat à quelques lieues de la ville. J'ignore quel corps d'armée est engagé, mais toutes les dispositions sont prises pour écraser l'ennemi. A demain les détails de cette nouvelle affaire.

Milan, 9 juin.

Dès six heures du matin, Milan présente déjà le même aspect qu'hier. Les maisons sont aussi pavoisées, les balcons couverts d'aussi riches étoffes, les femmes aussi parées, et la foule est aussi compacte dans le Corso et les rues adjacentes. La nouvelle victoire remportée par nos troupes à Malegnano a encore surexcité l'enthousiasme des Milanais. Dans les groupes, on ne parle que de ce nouveau fait d'armes qui nous ouvre le chemin de Lodi. L'artillerie défile, et la population distribue des bouquets aux artilleurs. Chaque bouche de canon est enguirlandée de lauriers.

On chercherait vainement une population plus démonstrative que la milanaise. Tous ces groupes d'hommes formés de distance en distance sont curieux à examiner. Ce sont des gestes, des contractions du visage, des éclats de voix, une fougue, un entrain qui stupéfieraient même des Marseillais. Je suis entré hier dans le grand café de la Scala, et, tel était le *murmure des conversations particulières*, que je me demandais, à part moi, si les fameuses trompettes de Jéricho ont jamais fait le même vacarme.

En ce moment on place sur tous les balcons du Corso des vases pleins de roses effeuillées, des couronnes et des bouquets. Ces odoriférantes munitions sont préparées pour accueillir l'Empereur et le roi, qui vont se rendre au Dôme, où l'on doit chanter un *Te Deum*. Sur certains balcons, j'aperçois des caisses remplies de feuilles de rose et des piles de couronnes. Tout à coup, la division des voltigeurs de la garde, le maréchal Regnaud de Saint-Jean-d'Angély en tête, entre dans le Corso, qu'elle traverse dans toute son étendue pour se former en haie sur le passage des deux souverains. Aussitôt les fleurs partent de toutes les fenêtres et tombent en feu croisé sur la tête des soldats; les feuilles de roses voltigent dans l'air, et les dalles de cette grande rue sont littéralement jonchées de couronnes.

Chaque soldat porte un bouquet au bout de son fusil, et la plupart ont planté une rose au milieu du pompon de leurs schakos. Des femmes distribuent une fleur aux officiers, lesquels tiennent déjà deux ou trois bouquets de la main gauche. Quant aux drapeaux, ce sont des jardins. L'aigle d'or a disparu sous les nombreuses couronnes passées dans la hampe. Je ne vous parle pas des vivat, des cris, des trépignements, du délire de la foule. La vue d'un drapeau plus déchiré que les autres par les balles autrichiennes excite surtout un enthousiasme indicible. Hommes et femmes, tout le monde se précipite vers ce drapeau pour le couronner, et l'officier qui le porte, pliant sous le poids des couronnes, a la plus grande peine à s'arracher à cette ovation improvisée.

A onze heures, toutes les cloches de Milan se mettent en branle, les tambours battent aux champs sur toute la ligne, les clairons déchirent l'air de leurs notes perçantes, et l'Empereur et le roi, à cheval, suivis d'un nombreux état-major, apparaissent à l'extrémité du Corso. Je m'étais figuré que toutes les fleurs et toutes les couronnes entassées sur les balcons et sur les fenêtres avaient été jetées aux voltigeurs et aux chasseurs à pied; mais Milan avait décidément dépouillé tous ses parterres, dévasté tous ses jardins en prévision de l'entrée triomphale des Piémontais et des Français. La pluie de roses a recommencé de plus belle; les couronnes voltigent et les bouquets se croisent, et, à un certain moment, le cheval de l'Empereur et le cheval du roi, devenus le point de mire de tous les projectiles, se cabrent sous leurs cavaliers.

L'Empereur, qui monte un cheval anglais de pur sang, fait signe aux dames de mettre plus de modération dans le lancement des bouquets, qui frappent et effrayent son cheval. Inutile recommandation. L'élan est donné, et parmi toutes ces belles Milanaises en robe blanche et aux cheveux noirs tordus comme des serpents, c'est à qui lancera les bouquets les plus gros et les fleurs les plus brillantes. Le cortége impérial et royal arrive cependant sans encombre sur la place de la cathédrale. L'évêque coadjuteur, Mgr Caccia, à la tête des chanoines coiffés de la mitre blanche, vient recevoir les deux souverains, et la cérémonie commence.

On avait eu le bon goût de ne point orner de draperies les murs de cette magnifique église, la plus vaste qui existe après Saint-Pierre de Rome. Cinq nefs se succèdent majestueusement, et leurs voûtes ogivales, décorées de festons de marbre, reposent sur des colonnes de marbre. Malgré leur masse gigantesque, ces énormes piliers paraissent minces, grâce à leurs harmonieuses subdivisions, chaque colonne semblant composée d'une infinité de colonnettes. Je ne dis rien du beau pavé en mosaïque, des tableaux, des reliquaires, chefs-d'œuvre de la ciselure ; des statues, du chœur, de la richesse des autels, et de la richesse encore plus considérable du trésor de cette église, lequel représente, m'a-t-on dit, la somme de dix millions, non plus que de ses pinacles élancés, surmontés de statues si légères qu'elles semblent danser sur la pointe d'une aiguille. L'extérieur du Dôme, bien plus extraordinaire encore, apparaît comme un de ces palais des contes de fées que chacun de nous a plus ou moins entrevus dans les rêves extravagants de la première jeunesse.

Je ne sais quelle plume à la fois assez artiste et assez savante pourrait convenablement décrire ces pyramides gothiques de marbre blanc s'élançant dans les airs et se détachant sur le bleu sombre du ciel italien ; cette forêt de piliers de marbre et d'aiguilles de marbre travaillés avec toute la délicatesse du guillochage, et cette immense population de statues plus considérable que la population de certains de nos chefs-lieux. Je me demande s'il serait possible d'entasser une plus grande quantité de marbre sur une plus grande surface, mais quel architecte aujourd'hui formerait, de tant d'ornements réunis, une masse aussi majestueuse, aussi étonnante par la grandeur de l'ensemble que par l'exquise délicatesse des détails ? ✝

En sortant du Dôme, je vois, devant la grille du palais vide de l'archiduc, un garde national qui monte la garde dans une des guérites occupées naguère par les sentinelles autrichiennes. Je traverse toute la place, et j'arrive à la poste pour demander si le courrier de Paris est arrivé. On n'a pas encore reçu de courrier de Paris ni d'ailleurs, tous les chemins de fer ayant été rompus et n'étant point encore réparés. Nous sommes donc sans nouvelle de la capitale du monde civilisé, et jamais Paris ne me semble plus la capitale du monde que lorsque je suis à l'étranger. Au bureau de la poste, j'assiste au désespoir d'un grenadier qui vient de payer l'affranchissement d'une lettre. Il a donné cinq francs, et on lui rend, en guise de monnaie, une mitraille de pièces autrichiennes qui n'ont ni forme, ni effigie, ni marque particulière, ni valeur. Supposez un vieux bouton de guêtre usé par le frottement, voilà la monnaie d'Autriche. Il y a des *swanziger* (nos soldats prononcent *dantzig*) qui sont censés représenter dix-sept sous et demi, il y a des pièces de trois sous un quart, et d'autres pièces de six sous trois quarts, sans compter des sous qui ont la prétention excessive de valoir deux liards et demi. Je défie Barème en personne de se reconnaître au milieu de tous ces liards qui sont des sous, et de tous ces sous qui ne valent pas des liards, je défie même Son Excellence le ministre des finances du saint empire autrichien.

Quand vous avez changé cinq francs, vous êtes dans une erreur profonde si vous croyez avoir en monnaie la valeur représentative de votre pièce. Pour n'être pas pris au trébuchet de la cupidité des petits débitants, il faut connaître d'abord la différence de valeur qui existe entre le sou français et le sou autrichien. Lorsque vous changez une pièce française, on vous donne des *swantziger* qui représentent bien 25 sous autrichiens, mais qui ne valent que 17 sous français. Comme vous supposez qu'un sou vaut partout cinq centimes, vous n'apprenez qu'en voulant payer quelque chose que vous perdez sept sous sur une pièce de vingt-cinq sous. C'est ainsi que pendant trois jours un marchand de cigares a abusé de mon inexpérience. Quand je le payais, il comptait par sous français, et quand il me rendait de la monnaie, par sous d'Autriche. Ce négociant peu scrupuleux porte pourtant le nom d'un héros d'opéra comique ; il s'appelle Montano. Je le signale à tous les fumeurs de l'armée d'Italie.

Après m'être assuré d'une voiture dans la matinée, je suis parti à midi pour le champ de bataille de Malegnano. J'entendais tant de récits qui me paraissaient exagérés, que j'ai voulu voir par mes yeux et prendre mes informations sur place. Le village de Malegnano est situé au milieu d'une vaste plaine. Les Autrichiens, au nombre de 35 000 hommes, avaient élevé des travaux tout autour du village et s'y étaient fortement retranchés pour arrêter la marche de notre armée vers Lodi, et donner à leur matériel et à leurs bagages le temps de se retirer. La division Bazaine et la division Ladmirault ont attaqué l'ennemi, d'autant plus favorisé dans ses positions qu'il était impossible à nos troupes de se développer, la route qui touche au village étant bordée de chaque côté d'un canal et de prés coupés de fossés et de rizières. Le premier régiment de zouaves est lancé en avant, il refoule deux régiments autrichiens, veut pénétrer dans le village, et est arrêté par un feu très-vif de mousqueterie venant du cimetière. Le 33° régiment de ligne suit le 1er régiment de zouaves, et le cimetière est enlevé à la baïonnette après un combat d'une demi-heure.

Pendant que la division Bazaine attaquait le village par la route, la division Ladmirault était parvenue à se frayer un passage et prenait l'ennemi en flanc sur la gauche. Après s'être battues pendant plus de deux heures, nos troupes pénétrèrent dans Malegnano, dont toutes les maisons barricadées étaient autant de petits forts. Les murailles avaient été crénelées. Il fallut faire, comme à Magenta, le siége de chaque bicoque. L'ennemi, protégé par ses murailles, tua un assez grand nombre de nos soldats, surtout parmi les zouaves, mais, après une résistance opiniâtre, qui dura six heures, il lâcha pied et abandonna le village avec précipitation.

Le général Forey, qui commandait la réserve, prévoyant la fuite de l'ennemi, avait tourné le village ; il lança contre les fuyards cent vingt boîtes à mitraille de 80 balles chacune, qui jonchèrent le sol de cadavres. J'ai vu un endroit de la plaine littéralement couvert de morts autrichiens empilés les uns sur les autres et formant pyramide. Si l'on avait pu débusquer l'ennemi avant la nuit, il est hors de doute qu'il aurait été en grande partie massacré. La perte des Autrichiens a été immense, si j'en dois juger par les innombrables cadavres qui couvraient encore aujourd'hui le champ du combat. On leur a fait 1200 prisonniers (et non 6000 comme on le disait ici ce matin), et on a ramassé une quantité de leurs blessés. Nos pertes ne sont pas énormes; mais la victoire a été cependant achetée par de cruelles pertes d'officiers et de soldats.

En traversant l'ambulance, j'entendis une voix qui m'appelait, je me retournai vivement, et je vis étendu sur un matelas un jeune capitaine de zouaves frappé d'un éclat de mitraille à la cuisse. Je ne l'avais pas revu depuis Verceil, où nous avions dîné ensemble. « Vous me voyez, me dit-il, dans la position d'un homme à qui l'on vient de couper la jambe. — Est-ce possible? lui dis-je étonné de tant de sang-froid. — Très-possible, et la preuve en est qu'il ne me reste plus qu'une *guibole*. Cela ne m'empêchera pas de marcher, puisqu'on trouve des jambes chez le fabricant, mais je crois que cela me fera du tort auprès des dames. — Avez-vous beaucoup souffert? lui demandai-je. — Un peu; mais je vous jure que c'était très-supportable et qu'on se fait une idée exagérée du bistouri. » De tout ce que j'avais vu depuis quelques jours, le sang-froid de ce jeune capitaine, après une opération aussi douloureuse, fut ce qui m'étonna le plus.

Un autre officier de zouaves me raconta un trait de sang-froid très-remarquable d'un soldat placé en sentinelle avancée.

Il vit une compagnie d'Autrichiens pousser une reconnaissance de son côté. Ils n'étaient qu'à vingt pas de lui. Au lieu de tirer un coup de fusil pour donner l'alarme, il recula sans perdre de vue les Autrichiens, arriva jusqu'aux grand'gardes, et les prévint de la présence de l'ennemi ; la compagnie autrichienne fut aussitôt enveloppée et faite prisonnière.

En revenant de Malegnano, je rencontrai une très-élégante calèche, qui se croisa avec une charrette dans laquelle étaient quatre blessés. La calèche s'arrêta, deux belles jeunes femmes mirent pied à terre. Elles firent placer les soldats blessés dans la calèche, montèrent sur le siége auprès du cocher, et rentrèrent ainsi dans Milan.

On m'assure qu'un très-grand nombre de voitures de l'aristocratie se sont dirigées, ce soir, vers Malegnano pour transporter en ville les blessés.

Ce soir, la ville est superbement illuminée ; la vue du Corso éclairé à giorno est splendide. Parmi les palais qui se font remarquer par la magnificence de leurs illuminations, je citerai le palais Belgiojoso.

On fait en ce moment une grande manifestation pour l'union du Piémont et de la Lombardie. 15 000 personnes au moins traversent le Corso et se dirigent vers le palais Busca en criant : *Viva il re ! Viva Vittorio-Emmanuele !*

Garibaldi est venu aujourd'hui incognito à Milan. Il a eu une entrevue avec le roi, et est immédiatement reparti pour son quartier général.

Milan, 10 juin.

Tout ce qui a été dit par les journaux italiens, et répété par les journaux français, sur la répulsion qu'inspirait aux nobles milanais le pouvoir autrichien, était parfaitement exact. Ici le mouvement n'est pas seulement populaire, toutes les classes de la société y prennent part, et je dois même ajouter que c'est l'aristocratie qui le dirige.

Hier au soir, quand défilait dans le Corso le cortége de douze à quinze mille hommes criant : « Vive notre roi Victor-Emmanuel! Vive la constitution ! Vive l'union! Vive l'unité de l'Italie (*viva l'Italia una!* ») les plus grands noms lombards s'associaient à cette manifestation, et les femmes les plus distinguées par leur origine, par leur beauté et leur fortune agitaient leurs mouchoirs et montraient du doigt au peuple qui passait le palais Busca, habité par le roi. L'annexion, que l'on regardait comme difficile par suite de prétendues rivalités existant entre les Lombards et les Piémontais, était déjà faite dans les esprits avant d'avoir été consacrée par les événements. Devant les acclamations de toute une capitale, Victor-Emmanuel n'a pas hésité à nommer immédiatement un gouverneur de la Lombardie, agissant au nom du roi.

Quant à l'Empereur, il s'est tenu tout à fait à l'écart, laissant à la population milanaise toute liberté d'action. On avait dit qu'un commissaire français serait nommé au moins provisoirement; c'était une hypothèse toute gratuite. La France n'est pas venue en Italie pour conquérir, mais pour délivrer les peuples. Du reste, l'Empereur avait clairement indiqué sa ligne de conduite dans la proclamation du 8 juin adressée aux Italiens.

Hier au soir, M. de Cavour, arrivé à Milan dans la journée, a eu sa part de l'ovation populaire. Après avoir défilé devant le palais du roi en poussant le cri de : *Viva il nostro re!* la foule s'est portée devant l'hôtel du ministre, qui a paru au balcon et a été salué par d'unanimes applaudissements. M. de Cavour est reparti ce matin pour Turin.

L'Empereur est allé visiter aujourd'hui Malegnano, qui est bien décidément le célèbre Marignan de François I<sup>er</sup>. Il est impossible de faire un pas dans cette partie de l'Italie sans éveiller un souvenir de nos fastes militaires. Chaque village est comme un feuillet détaché de notre histoire : hier c'était Marignan, demain ce sera Lodi. Nos soldats apprennent l'histoire en faisant de l'histoire. Ils rajeunissent par des victoires nouvelles les vieilles victoires de leurs pères.

Il est un détail de ce combat de Malegnano, ou de Marignan, si vous aimez mieux, dont j'ai oublié de vous parler hier : à un certain moment, les Autrichiens, irrités d'être sans cesse repoussés par la baïonnette de nos soldats, ont tenté, eux aussi, de faire une charge à fond avec la baïonnette au bout du fusil. Un bataillon fut lancé contre quelques compagnies d'un de nos régiments de ligne ; la tentative n'a pas été heureuse pour l'ennemi. Cet engagement à l'arme blanche s'est terminé par la mort de la plus grande partie du bataillon et par la fuite du reste.

Les Autrichiens ont de singulières idées sur la façon de faire la guerre. Mélas trouvait que le général Bonaparte le battait en dehors de toutes les règles ; les compatriotes de Mélas prétendent aujourd'hui que le combat à la baïonnette est un combat indigne d'une nation civilisée. Je causais hier à Malegnano avec un officier prisonnier qui s'exprimait très-franchement à ce sujet. « Que les turcos, disait-il, se battent à la baïonnette, je le comprends, ce sont presque des sauvages ; mais les Français !... Ce n'est plus une guerre, c'est une boucherie. »

Le combat à la baïonnette est, en effet, plus meurtrier que la fusillade ; mais, parce que l'infanterie française sait mieux se servir de cette arme que les Autrichiens, ce n'est pas une raison pour qu'elle laisse la baïonnette au fourreau. D'ailleurs, si la baïonnette a été jusqu'à ce jour l'arme principale des combats livrés depuis le commencement de la campagne, cela tient aussi à une autre cause. Notre armée est dans un pays ami, et si elle enlève à la baïonnette les villages occupés par les Autrichiens, c'est pour épargner les propriétés des habitants. Avec les nouveaux canons, qui portent à trois mille mètres, nous aurions plutôt fait d'écraser l'ennemi sous les murailles des maisons que de marcher contre lui la baïonnette en avant, et nous perdrions surtout moins de soldats; mais on ne veut pas que l'armée française marque son passage par des ruines dans un pays qu'elle vient délivrer. Le général Forey n'a lancé à Malegnano ses boîtes à mitraille que lorsque le corps d'armée de Benedeck battait en retraite dans la campagne. La situation d'une armée dans un pays ami a sans contredit des avantages, mais on voit qu'elle a aussi des inconvénients.

On avait dit que l'Empereur partirait ce soir; mais en passant tout à l'heure sur les promenades qui environnent le palais Bonaparte, j'ai vu la garde au milieu de ses campements. Voici un trait de caractère de nos troupiers : tous les soldats occupés à faire la cuisine avaient endossé une capote autrichienne. « C'est pour ne pas salir mon uniforme, » me dit gravement un de ces facétieux cuisiniers. Depuis qu'il ont adopté la capote blanche ou la capote bleu de ciel pour vaquer aux soins du ménage, on n'appelle plus les hommes de corvée que les Autrichiens. « Hé ! l'Autrichien, la soupe est-elle prête ?—Voilà, caporal. »

J'apprends qu'il y a ce soir grand spectacle à la Scala, et que l'Empereur et le roi y assisteront. Je laisse ma lettre inachevée pour aller m'assurer d'une stalle.

. . . . . . . . . . . .

Je reviens de la Scala. Cette grande salle de spectacle, la plus vaste de l'Europe, était pleine de rayonnements. Tous les diamants ne sont pas seulement à Londres, à Vienne et à Paris : des rivières, je devrais dire des fleuves serpentaient sur le sein des dames milanaises, et roulaient sur le col, autour des bras, dans les cheveux de ces belles patriciennes leurs ondes étincelantes. Presque toutes les femmes portaient le ruban tricolore en sautoir. Quelques-unes avaient des toilettes vertes, rouges et blanches. Les six étages de loges étaient resplendissants. La loge impériale et royale, placée au centre, est un superbe appartement ouvert qui s'élève jusqu'aux deux tiers de la salle. L'intérieur des autres loges est également décoré de tapisseries de soie, de candélabres, et la plupart ont une chambre élégante où l'on joue et où l'on soupe.

L'Empereur et le roi, à leur entrée dans la salle, ont été accueillis par des tonnerres de vivat. Hommes et femmes, tout le monde se tenait debout, et pendant les deux heures qu'a duré le spectacle, on se levait de cinq minutes en cinq minutes pour agiter les mouchoirs et crier Vive l'Empereur et Vive le roi! C'était l'enthousiasme du Corso transporté à la Scala, un de ces accès de délire dont nous autres habitants du Nord ne pourrions nous faire une idée si nous n'en avions été témoins. Le spectacle avait été donné au profit des familles de ceux qui sont morts en combattant.

Le premier acte du grand drame est terminé.

J'ai accompagné notre armée victorieuse depuis Gênes jusqu'à Milan. Dans le trajet qui sépare ces deux vieilles capitales, j'ai en quelque sorte vécu avec nos soldats, et ce qui m'a le plus frappé, ce n'est pas leur courage, leur dévouement à la patrie, leur mépris de la mort, leur constante bonne humeur au milieu des fatigues, c'est leur bonté, leur générosité, leur douceur à l'égard du vaincu désarmé. Lions pendant le combat, sœurs de charité après la victoire, ils unissent aux mâles vertus qui croissent à l'ombre du drapeau la tendresse et le dévouement de la femme. Ces soldats sont les derniers chevaliers.

Castiglione, 25 juin.

Me voici de retour au camp; depuis mon départ de Milan pour Paris l'armée franco-sarde a fait du chemin. A voir comment procèdent les Autrichiens depuis une dizaine de jours, on croirait que la possession de la Lombardie est le prix de la course : le quartier général de l'Empereur a été successivement porté de Cassano, agréable bourg perché sur une colline arrosée par l'Adda; à Bergame, patrie de Rubini et de Donizetti ; à Brescia, une des villes les plus belles et les plus curieuses de la Lombardie, Brescia la vaillante, qui, en 1849, fit aux armes du général Haynau une résistance désespérée. Les femmes prirent part à la résistance de la ville, et le farouche vainqueur les fit fouetter en place publique. On se souvient encore de l'émotion que produisit cet acte de sauvagerie dans toute l'Europe. Les ouvriers brasseurs de Londres se chargèrent de venger les Brescianes, lors du voyage que fit à Londres le général Haynau. Le fouetteur de femmes, hué, conspué par les ouvriers de la brasserie Barclay-Perkins, ne dut son salut qu'à une fuite précipitée.

De Brescia, l'Empereur transporta son quartier général à Montechiaro, champ de manœuvres des armées autrichiennes; puis enfin, à Castiglione, déjà célèbre par la victoire qu'y remporta, en 1796, le général Augereau.

J'avais quitté Paris le 20 juin au soir, et, malgré les difficultés de la route, surtout à partir de Milan, j'ai eu la bonne fortune d'arriver au quartier général le 24 au matin, c'est-à-dire au moment où s'engageait une bataille qui sera une des plus grandes de ce siècle. Toute l'armée franco-sarde était en face de toute l'armée autrichienne; les deux empereurs commandaient en personne; l'action a duré treize heures consécutives, et jamais, depuis les grandes batailles de l'Empire, l'Europe n'avait assisté à un si grand choc, et la France n'avait eu une si belle victoire. Ce champ de bataille, qui s'étend d'un côté depuis Mozambano jusqu'au lac de Garde, et de l'autre depuis Castiglione jusqu'à Volta di Mantova, avait été désigné à François-Joseph, par le nouveau général en chef Schlick, comme la plus favorable position pour écraser l'armée française. Aussi, depuis quinze jours, depuis le combat de Melegnano, tout avait été entrepris par l'ennemi pour attirer nos troupes du côté de Castiglione. Pas un coup de fusil n'avait été tiré. Les Autrichiens battaient en retraite, suivis par les Français et les Sardes sans même tourner la tête; nos avant-postes étaient tout au plus à une demi-journée de marche de l'arrière-garde ennemie, et l'on pouvait supposer que l'Autriche, concentrant toutes ses forces dans le fameux quadrilatère, était décidée à ne plus tenter les hasards d'une bataille rangée.

Cependant toutes les précautions étaient prises dans le camp français pour accepter le combat, dans le cas où l'armée autrichienne se déciderait à faire un suprême effort avant de se retirer définitivement derrière le Mincio; et quand, le 24, à trois heures du matin, nos avant-postes étaient tout à coup attaqués, les différents corps d'armée groupés autour du quartier général se trouvaient prêts pour la bataille.

On comprend, du reste, quand on a vu les formidables positions de l'ennemi, que le commandant en chef autrichien ait conçu l'espoir de venger dans une seule journée toutes les défaites subies depuis le commencement de la campagne. On assure qu'hier matin le général Schlick, montrant des hauteurs de Cavriana à l'empereur François-Joseph les dispositions prises pour assurer la victoire, lui aurait dit : « Votre Majesté va assister à une grande bataille, et, je l'espère, à un grand succès. » Le général Schlick ne s'est pas trompé sur un point : l'empereur d'Autriche a en effet assisté à une grande bataille.

Si vous voulez avoir une idée du terrain où se sont choquées pendant plus de douze heures ces deux grandes armées, représentez-vous une plaine immense de prairies, de champs, de blés et de vignes, dominée d'un côté par une chaîne de mamelons surmontés de tours et de villages fortifiés. Il va sans dire que toutes les hauteurs appartenaient aux Autrichiens, et que chaque mamelon était hérissé d'artillerie. L'armée autrichienne, si fortement appuyée, pouvait en outre amener à chaque instant, à l'aide de ses chemins de fer, des munitions et des troupes fraîches de Peschiera, de Vérone et de Mantoue. Toute l'armée enfermée dans le quadrilatère pouvait donc se trouver sur le champ de bataille, et elle y était. Nos troupes, rangées en bataille en avant de Castiglione, avaient à rejeter l'ennemi, en parcourant une étendue d'au moins cinq lieues, et cette première besogne une fois accomplie, à s'emparer de tous les mamelons à la baïonnette. Aux premiers coups de canon échangés, l'empereur Napoléon arriva sur le champ de bataille et traça le plan suivant : l'armée française devait se porter sur Cavriana, quartier général de François-Joseph et objectif de guerre, par un mouvement tournant sur la gauche, pendant que l'armée sarde, placée de l'autre côté des mamelons, exécuterait le même mouvement sur la droite. Ce plan fut aussitôt mis à exécution, et les quatre corps d'armée prirent leurs positions.

Il m'est impossible de vous faire la description de cette bataille en homme de guerre, il me faudrait des connaissances spéciales que je n'ai pas, aussi me contenterai-je de vous raconter ce que j'ai vu.

J'arrivai à Castiglione à neuf heures ; depuis Montechiaro, j'entendais retentir le canon, et je voyais toutes les hauteurs qui bordent la route couvertes de gens qui regardaient à l'horizon, à l'aide d'une longue-vue. En traversant un petit village, des paysans me dirent que l'on se battait depuis trois heures du matin. A mesure que j'avançais vers Castiglione, les détonations de l'artillerie devenaient formidables.

A peine arrivé, je courus au quartier général, où l'on me dit que je pouvais assister à toute la bataille en montant sur le premier mamelon à gauche de Castiglione. Je pris aussitôt un guide, et, en parvenant sur la crête de la montagne, j'y trouvai une trentaine de personnes armées de longues-vues, de lorgnettes et de lunettes d'approche. Le spectacle était d'une poignante émotion.

Un peu en avant de la crête où nous étions placés, on apercevait toutes nos divisions dispersées dans cette immense étendue, l'artillerie envoyant des volées de boulets de quatre points à la fois. Notre cavalerie, rangée sur la gauche, présentait une vaste ligne appuyée de chaque côté par des carrés. On voyait aussi très-distinctement, avec la lorgnette, l'armée autrichienne qui lançait ses bordées de la plaine et de la montagne. Le bruit des détonations était continu, et les nuages de poudre se condensaient, à de certains instants, en épaisses ténèbres qui dérobaient complétement la vue des deux armées.

Tout à coup nous voyons une partie de nos troupes se lancer à l'assaut d'un mamelon surmonté d'une tour qu'on nomme *la Spia d'Italia* (l'espionne d'Italie), parce que du haut de cette tour on aperçoit toute la Lombardie, toute la Vénétie, la Toscane et le Piémont. Cette espionne de l'Italie est aussi connue sous le nom de tour de Solferino. C'était pour l'armée autrichienne une position très-importante. Placé entre Castiglione et Cavriana, ce mamelon, hérissé d'artillerie, écharpait nos divisions. Nos troupes, repoussées une première fois, reviennent à la charge et sont maîtresses de la position; mais l'ennemi se précipite en nombre, et le combat de recommencer avec une furie terrible de part et d'autre. Deux fois ce mamelon est enlevé par nos soldats, et deux fois il est repris par les Autrichiens; enfin, nos bataillons sont vainqueurs, l'ennemi est chassé et son artillerie est en notre pouvoir. Ce sont les divisions Bazaine et l'Admiraut, la division Forey, appuyée par la division Camou des voltigeurs de la garde, qui ont eu l'honneur de s'emparer de cette imprenable position de Solferino.

A partir de ce moment, le combat qui se continue dans la plaine se dessine de plus en plus favorablement pour notre armée. De quart d'heure en quart d'heure, notre artillerie avance devant l'ennemi, forcé de transporter plus loin ses batteries. A deux heures, l'armée française avait déjà exécuté la moitié de son mouvement tournant; elle avait gagné en combattant deux lieues de terrain. Déjà, à ce moment, le succès de la journée ne semblait douteux pour personne. Quelques officiers russes, qui se trouvaient sur le mamelon où j'étais placé, ne tarissaient pas d'éloges sur l'habileté du mouvement et la sûreté en quelque sorte mathématique avec laquelle il était exécuté.

De temps en temps, des flots de poussière s'élevant sur un point de ce vaste champ de bataille, signalaient des charges de cavalerie. Une fois, entre autres, la cavalerie ennemie tenta une charge sur nos batteries, et fut littéralement foudroyée. Vers trois heures, nous ne pouvions plus suivre qu'avec beaucoup de peine les mouvements de nos divisions, qui continuaient à avancer, et, par conséquent, à s'éloigner de nous. Le feu de l'ennemi, venant de la plaine, s'éteignait graduellement ; mais des mamelons fortifiés de Cavriana partaient des obus, des fusées à la congrève, des milliers de projectiles. Nous n'apercevions plus aucun Autrichien dans la plaine, et nous voyions nos soldats grimper à l'assaut des mamelons au milieu d'une pluie de fusées et de boulets. Au bout d'une heure et demie, toutes les hauteurs étaient à nous, et à quatre heures trente-sept minutes, le dernier coup de canon autrichien partait de Cavriana, qui tombait au pouvoir des Français. L'ennemi, après treize heures de combat, était en pleine retraite sur le Mincio, abandonnant une partie de son artillerie, des munitions, et laissant entre nos mains un nombre incalculable de prisonniers, sept drapeaux, trente canons.

L'Empereur est resté pendant tout le temps de la lutte sur le champ de bataille. Deux cent-gardes ont été frappés, l'un d'une balle, l'autre d'un éclat de boulet, à ses côtés. Je n'ai pu suivre les mouvements de l'armée sarde, mais on dit qu'elle s'est admirablement conduite. Le nombre des morts n'est pas grand, mais nous avons eu beaucoup de blessés. En somme, cette grande victoire nous a coûté comparativement beaucoup moins cher que celle de Magenta.

L'empereur François-Joseph, qui commandait en chef, a pu constater en voyant ces positions enlevées l'une après l'autre, la fougue et le courage de nos soldats, la sûreté de coup d'œil de nos officiers, et la supériorité de notre artillerie. A sept heures, l'empereur Napoléon entrait dans Cavriana, et s'installait dans la maison que venait de quitter l'empereur d'Autriche. Le quartier impérial autrichien devenait le quartier impérial français. Je descendis du mamelon à quatre heures et demie, au moment où éclatait un splendide orage, et je vis arriver en entrant dans Castiglione des milliers de prisonniers, suivis d'autres milliers. Je vis aussi défiler des canons avec l'affût rayé de bandes jaunes et noires. On me dit que les turcos avaient enlevé, à eux seuls, deux batteries ennemies. Des charrettes traînées par des bœufs ramenaient nos blessés.

Castiglione présentait un singulier aspect. Des centaines de personnes allaient de porte en porte, demandant un morceau de pain, et à chaque demande elles recevaient cette réponse : *Niente*. Il n'y avait plus rien, en effet. Je pris le parti de m'adresser à un soldat, qui m'emmena sur le lieu de son campement et me donna un morceau de pain et une tasse de café noir. Après quoi je parvins à me coucher, dans une écurie abandonnée, sur une litière fraîche. Beaucoup de mes compagnons n'ont pas été aussi heureux que moi.

Ce matin, à quatre heures, je partais pour Cavriana, et je traversais le champ de bataille dans toute sa longueur. Quel spectacle! on n'avait pas encore eu le temps de relever les morts. Les champs, les blés, les fossés étaient littéralement couverts de cadavres d'hommes et de chevaux! Le long de la route j'avais reconnu de loin, à leur habit blanc, deux malheureux Autrichiens qui battaient la campagne avec l'espoir sans doute de regagner leur corps d'armée ; en apercevant une voiture, ils disparurent dans les bois.

A Cavriana, la disette était plus grande encore qu'à Castiglione. Ces villages, qu'avaient traversés deux armées, étaient plus dépourvus que le temple de la famine. Je fus obligé de rebrousser chemin, et, en avançant, je vis l'Empereur qui prenait le café avec le 2e régiment de zouaves. Je n'ai jamais aspiré aux honneurs, mais je vous affirme que si on m'avait invité à ce repas champêtre, j'aurais accepté de grand cœur. Un zouave que j'abordai m'apprit que le général Niel venait d'être nommé maréchal.

Je n'ai pas le temps de vous raconter tous les traits de bravoure et d'intrépidité qui sont les récits du camp depuis hier au soir ; je ne vous dirai le nom d'aucun des héros de la journée, puisque ces désignations peuvent avoir des inconvénients, mais je vous affirme, et vous pouvez me croire sans peine, que jamais soldats n'ont fait preuve de plus de résolution, de sang-froid et de bravoure que les nôtres à cette grande affaire du 24, qui s'appellera sans doute, dans l'histoire, la bataille de Solferino ou la bataille de Cavriana.

La portée de cette victoire est immense. Le Mincio est à nous, et nous voilà presque en Vénétie

Un corps de 40 000 hommes, coupé du gros de l'armée autrichienne, est cerné vers le lac de Garde. 250 000 Autrichiens ont été battus, dans les conditions les plus favorables pour vaincre, par une armée beaucoup moins considérable. Quand on voit les positions formidables qu'occupait l'ennemi, on se demande comment il a pu être délogé, et l'on comprend que rien n'est impossible à nos soldats. Les Autrichiens ne se plaindront plus des combats à la baïonnette. La bataille d'hier a été surtout une bataille d'artillerie.

Comment cette lettre vous parviendra-t-elle? Je l'ignore. La poste de Castiglione est tellement bouleversée en ce moment que cette malheureuse lettre pourrait bien rester quinze jours durant au fond de la boîte. Je prends le parti de la faire porter par un exprès à Brescia ; de cette façon, elle vous arrivera peut-être un jour ou l'autre.

Cavriana, 27 juin.

Je vous écris dans une chaumière qui est la dernière maison du village de Cavriana, quartier général de l'Empereur. Après avoir vainement cherché pendant plusieurs heures un endroit abrité, j'ai enfin été accueilli par des officiers d'administration qui m'ont offert l'hospitalité d'un bout de table et d'une chaise. Il faut avoir passé vingt-quatre heures dans un village italien de trois à quatre cents habitants, occupé par l'état-major d'une armée de 150 000 hommes pour se faire une idée de la difficulté qu'on éprouve, je ne dis pas à vivre, mais à se procurer seulement un verre d'eau. Si vous le comparez au paysan italien, le plus pauvre paysan français est un seigneur. Dans ces chaumières de Lombardie, on ne trouve ni chaises, ni table, ni un verre, ni une assiette, ni rien de ce qui constitue ordinairement un mobilier. Les quatre murs, un foyer éteint, un chaudron et un baquet plein d'eau, qui sert d'abreuvoir à toute la famille: telle est l'ordinaire richesse de ces pauvres gens, qui se nourrissent exclusivement de laitage, de fruits, et d'une certaine substance composée de maïs, de sel et d'eau, appelée *polenta*. Tant qu'un paysan lombard a de la polenta, il est le plus heureux des hommes; mais quand la polenta vient à manquer!... Et c'est ce qui arrive ici et dans les villages environnants depuis une huitaine de jours.

L'armée autrichienne ne trouvant pas assez de foin pour nourrir sa cavalerie, a fait main basse sur le maïs, et, je vous le répète, le maïs constitue à peu près toute la nourriture des paysans de la Lombardie. Aussi, la plupart des personnes qui suivent le quartier général ont été obligées de déguerpir au plus vite pour ne pas mourir littéralement de faim; elles se sont enfuies, les unes vers Brescia, les autres vers les petites villes qui bordent le lac de Garde. Quelques autres, mieux inspirées, et je suis fort heureusement du nombre de ces dernières, ont fait venir des vivres de Milan. Quant à dormir dans un lit, il n'y faut pas songer, on couche n'importe où, sous un hangar, dans une voiture ou à la belle étoile. Vous voyez que la vie au camp est d'une simplicité tout à fait patriarcale ; nous vivons comme les premiers pasteurs sous la voûte du ciel, nous nous couchons avec le soleil et nous nous levons avec l'aurore.

En arrivant à Montechiaro, à Castiglione, à Solferino et à Cavriana, nos soldats, fatigués d'entendre les habitants répondre par un sempiternel *niente* à toutes les demandes de vivres qui leur étaient adressées, commencèrent par se fâcher ; ils crurent que le paysan lombard refusait par mauvaise volonté de vendre son pain et son vin ; mais quand ils eurent reconnu que ces malheureux manquaient des choses les plus nécessaires à l'existence, ils partagèrent leurs rations avec eux, et je vous assure que la moitié au moins des habitants de Cavriana est nourrie, à l'heure qu'il est, par nos troupes.

Hier matin, une petite fille me demandait l'aumône, je lui donnai une pièce de dix sous autrichienne, mais elle la refusa. « Pas d'argent, me dit-elle, mais un peu de pain, *un pezzo di pane.* » J'ai fait un marché avec un brave homme, propriétaire d'un hangar ; il me prête son hangar pour abriter ma voiture et mon cheval, à la condition que je le nourrirai jusqu'au jour de mon départ.

Tout ceci vous prouve combien est triste la situation de ces pauvres campagnes ravagées par la trombe autrichienne. Si nos troupes n'étaient pas venues au secours des habitants, la plus grande partie de ces infortunés seraient morts de faim. Je vous disais hier que des divisions de l'armée franco-sarde avaient franchi le Mincio, mais on ne sait encore rien de positif à ce sujet. Dans tous les cas, plusieurs corps d'armée doivent être campés sur la rive même du fleuve, s'ils ne l'ont pas encore traversé. Chaque jour nous voyons passer des équipages de ponts, des obusiers et de l'artillerie de siége. Nul doute qu'on ne commence très-incessamment le siége de Peschiera et de Vérone.

La victoire de Solferino a soulevé dans la Lombardie un enthousiasme universel. On a illuminé à Milan, à Brescia et même dans les villages. On nous avait dit que le paysan lombard des bords du Mincio était Autrichien, mais il n'y paraît guère. Dans tous les villages que j'ai traversés, j'ai vu la population pousser des cris d'allégresse à la vue des milliers de prisonniers qu'on dirigeait vers Brescia. Un grand nombre de ces derniers faisaient chorus et répétaient le cri : *Viva l'Italia!* c'étaient les prisonniers lombards.

Avant-hier, vers trois heures, au moment où je quittai Castiglione pour aller à Cavriana, j'ai été pris dans une bagarre qui pouvait avoir de terribles conséquences. Un des auxiliaires qui conduisent les bagages de l'armée arriva tout effaré en disant qu'un convoi venait d'être attaqué par les Autrichiens, qui s'avançaient en grand nombre. Il était absurde de supposer que l'ennemi, battu la veille, se fût risqué sur les derrières de l'armée française, qui lui coupait la retraite du Mincio; mais la peur ne raisonne pas, et cette ridicule nouvelle ne trouva pas un incrédule.

En un instant les portes de Castiglione sont barricadées; des auxiliaires détellent leurs chevaux et se sauvent dans toutes les directions; la panique est complète. Ces gens, en se sauvant, sèment la peur sur la route encombrée de voitures de blessés et arrivent à Brescia, où ils jettent l'épouvante. *Austriaci! Austriaci!* ce cri était dans toutes les bouches. La scène qui s'était passée à Castiglione se renouvelle à Brescia. Les maisons sont fermées, et chacun se barricade derrière sa porte. Enfin, au bout de quelques heures, aucun Autrichien ne paraissant ni à Castiglione, ni à Montechiaro, ni à Brescia, on reconnut qu'on avait été dupe d'une de ces paniques qui se produisent, je ne sais pourquoi, presque toujours le lendemain d'une bataille.

J'avais déjà assisté à une panique de ce genre le

lendemain de la victoire de Montebello. J'étais à Voghera lorsque j'entendis retentir autour de moi le cri : *Austriaci*. Tout le monde fuyait. Or, la panique avait été causée par la vue des hussards qui formaient le cortége de l'Empereur. L'Empereur revenait de visiter le champ de bataille, et les hussards qui l'accompagnaient, ayant des vestes blanches, avaient été pris pour des Autrichiens. Il n'en faut pas davantage pour jeter l'épouvante au milieu d'une population et causer les plus grands malheurs.

Si les habitants de Castiglione, de Montechiaro et de Brescia ont été quittes pour la peur, nos soldats ne leur ont pas épargné les brocards et les plaisanteries. « Avoir peur des Autrichiens quand on a devant soi une armée de 150 000 hommes ! » disait un zouave. Il aurait pu ajouter que cette peur était d'autant moins justifiée que ces 150 000 hommes étaient victorieux.

Nous avons dans les environs du quartier impérial des blessés français et autrichiens, qui sont soignés dans les mêmes ambulances. Je voyais ce matin des Autrichiens qui appliquaient des compresses sur les blessures des Français, et qui ensuite recevaient d'eux le même service. Rien ne m'émeut plus que le spectacle de ces hommes, ennemis la veille, et, le lendemain, dormant à côté les uns des autres, se donnant des soins réciproques et mangeant à la même gamelle.

Hier au soir, je voyais à Castiglione cinq ou six blessés autrichiens occupés à faire la cuisine devant un groupe de blessés français étendus à l'ombre sur une litière de paille. « Vous avez donc fait des cuisiniers de vos prisonniers ? demandai-je à l'un de nos soldats. — Oh! non, répondit-il, c'est chacun à son tour ; seulement, nous les avons priés de faire la *popote* aujourd'hui, parce que nous voudrions savoir ce que c'est que la cuisine allemande. »

Au moment où je vous écris, j'entends le son du clairon et le bruit des tambours. Je vois aussi les hauteurs qui se dégarnissent de tentes. Ce sont des régiments qui se portent en avant. Tout nous fait donc espérer qu'on va lever le camp et que nos troupes se disposent à franchir le Mincio. Nos soldats n'ont jamais été mieux disposés ; ils espèrent rencontrer sur l'autre rive des villages moins dépourvus ; mais je crois qu'ils se trompent, et j'ai bien peur que nous retrouvions au delà du Mincio la disette qui existe en deçà.

C'est bien trente pièces de canon que nous avons prises à l'ennemi. J'ai vu, pour ma part, une vingtaine de canons autrichiens : d'autres avaient déjà été conduits à Brescia. En revanche, l'ennemi n'a pu nous enlever une seule pièce d'artillerie. Outre les 6000 prisonniers annoncés par la dépêche, on a ramené le lendemain au camp de 12 à 1500 fuyards égarés.

J'apprends que le prince de Windischgraetz, dernier du nom, qui était capitaine dans l'armée autrichienne, a été tué à la bataille de Solferino.

Sans le violent orage qui a éclaté le soir de la bataille et qui a permis à l'ennemi de commencer la retraite, au nord par Borghetto, Mozembano et Peschiera, au sud par Goïto et Roverbella, il est certain que l'armée autrichienne aurait été rejetée dans le Mincio. Grâce à la nuit et à l'épuisement de nos troupes, cette retraite a pu s'achever : mais cette armée a dû arriver sur la rive gauche du Mincio dans une grande confusion. Notre artillerie a dû lui causer d'énormes pertes après la prise des hauteurs. Nous n'avons pas eu certainement plus de 140 ou 150 000 Français et Italiens en ligne contre 250 000 Autrichiens.

Dezenzano, 28 juin.

Par les quarante degrés de chaleur que nous avons depuis quatre jours, la vie du camp ne commence à être agréable que vers huit heures du soir; à ce moment plus tempéré de la journée, chacun sort de la cachette qu'il est parvenu à trouver, et va respirer quelques rares bouffées d'air dans une sorte de cirque naturel creusé à l'extrémité de Cavriana. La vallée et les montagnes sont couvertes de tentes, et la promenade est égayée par l'aspect de tous les menus détails de la vie militaire.

Ici on fait du café, là-bas on ramasse du foin et des branches d'arbres, et l'on se prépare un lit pour la nuit; plus loin les zouaves jouent au loto, et l'appelant donne à chaque numéro sortant une appellation comique et *pittoresque*; on voit aussi, de loin en loin, des groupes de soldats réunis au pied d'un arbre et qui écoutent avec attention le récit d'un camarade, — la Schéhérazade de cette chambrée en plein air.

Sur cette promenade, tout le monde se rencontre : le général, l'officier, le soldat et le simple pékin. C'est l'heure des causeries, des confidences, et c'est le cours aux nouvelles. — Quel jour le camp sera-t-il levé? Quand commencera-t-on le siége? Attaquera-t-on d'abord Peschiera, Mantoue ou Vérone? On explique pourquoi le quartier général n'est point encore à Volta, qui est occupée par nos troupes et qui est sur la rive du Mincio.

C'est sur cette promenade du soir que l'on s'informe du sort des amis qu'on n'a pas vus depuis quelques jours. — Où est un tel? — Il est mort à la prise de tel mamelon. — Et celui-ci? — Il est à l'ambulance.

Il est beaucoup question en ce moment de la fougue imprudente d'un brillant officier qui, dans une des charges de cavalerie de la journée du 24, n'entendant point l'ordre de rappel, s'en alla tout seul se heurter contre un escadron ennemi, et fut fait prisonnier sans s'en douter. Cet officier est M. le marquis de La Rochefoucauld-Liancourt. Les traits d'héroïsme foisonnent. Un officier, suivi de six hommes, a pris à l'ennemi quatre pièces de canon tout attelées; un sergent a ramené dix-sept prisonniers; ce soldat que vous voyez là-bas occupé à broyer sur une pierre des grains de café est arrivé le premier sur le mamelon de Cavriana, et il en a pris possession en attachant son mouchoir à la baïonnette de son fusil; cet autre, ayant affaire à trois Autrichiens, a fait comme l'aîné des Horaces : il a feint de fuir, et a tué, l'un après l'autre, ses trois poursuivants.

Quand on a fait cinq ou six fois le parcours de la route qui coupe en deux la vallée, la soirée est terminée, et l'on regagne, celui-ci sa tente, celui-là sa litière de paille.

Je vous avoue que trois nuits de litière m'avaient blasé sur ce genre de couchette. Je commençais à regretter les quartiers généraux d'Alexandrie, de Verceil, de Novare et de Milan, où l'on finissait toujours par trouver une chambre et un lit. M. Meissonnier, le célèbre peintre, qui est attaché au quartier général, et que je venais de rencontrer sur la promenade, n'était pas moins blasé que moi. Il me proposa d'aller coucher sérieusement quelque part, et quoiqu'il fût déjà assez tard, nous partîmes aussitôt pour Dezenzano, une jolie petite ville, vraiment italienne, assise au bord du lac de Garde.

Le voyage se fit sans encombre, grâce aux grand'-gardes sardes qui, heureusement, eurent l'excellente idée de nous arrêter pour nous demander nos saufs-conduits. Notre cocher, qui ne connaissait pas très-exactement le chemin, ayant continué de suivre la grande route au lieu de prendre la traverse, nous conduisait tout droit à Peschiera, chez MM. les Autrichiens. Les grand'gardes piémontaises nous remirent dans la bonne voie, et nous arrivâmes à Dezenzano vers une heure du matin. Nous avions fait cinq lieues pour trouver un lit.

Dezenzano est le plus aimable des séjours, surtout quand on vient de quitter Cavriana. Un lac charmant, encaissé entre les Alpes du Tyrol, aux ondes bleues, aux rives vertes parsemées de villages et de maisons de plaisance. Quand les vapeurs du matin enveloppent les montagnes, les hauts glaciers passent au-dessus du brouillard leurs crêtes éclairées par le soleil et qui étincellent de tons roses. En face de Dezenzano est la jolie presqu'île de Sermione, dont les côteaux fleuris apparaissent comme un paradis terrestre et forment un frappant contraste avec les montagnes arides qui surplombent.

A droite est Rivoltella, quartier général du roi de Sardaigne; à gauche, le lac, bordé de maisons blanches, s'élance entre les montagnes et semble se perdre dans l'infini. Le lac de Côme est plus gai et plus vivant, mais ce lac de Garde a un aspect plus calme, plus alpestre, et l'on se demande en voyant cette majestueuse tranquillité si l'on n'a pas rêvé que deux immenses armées se choquaient l'une contre l'autre deux ou trois jours auparavant sur les bords mêmes de ce beau lac chanté par Catulle.

C'est pourtant là que le 24 au matin la lutte a commencé entre les Piémontais et les Autrichiens. L'action avait été engagée par un bataillon de bersaglieri qui croyaient n'avoir à combattre que des avant-postes et qui se trouvèrent en face de 70 000 hommes, soutenus par soixante pièces d'artillerie. La division Mollard et la division Cucchiani accoururent aux premiers coups de feu. Les troupes autrichiennes rencontrées par les bersaglieri à Pozzolengo s'étaient repliées sur San Martino pour attirer les Piémontais dans une embuscade. Le combat dura jusqu'au soir. A cinq heures, les Piémontais, épuisés par dix heures de combat, étaient rentrés dans leurs positions, lorsque, vers six heures, arriva la division Fanti, qui n'avait point encore donné. Aussitôt les Piémontais se reportèrent en avant, attaquèrent l'ennemi avec une vigueur nouvelle et le forcèrent de se retirer en toute hâte avec des pertes immenses. Les Piémontais firent aussi des pertes assez grandes, surtout parmi leurs officiers.

Aujourd'hui, les Piémontais occupent Dezenzano, Rivoltella, San Martino et les autres villages tenus par les Autrichiens pendant la bataille.

Ce matin, à six heures, pendant que j'admirais ce magnifique spectacle du lac, je vis à l'horizon deux petits points blancs qui s'agrandirent peu à peu, et, au bout de dix minutes, je m'aperçus que ces deux points blancs étaient deux bateaux à vapeur. Toute la population de Dezenzano fut bientôt sur le rivage. Le mât de ces bateaux portait le drapeau autrichien, et bientôt je pus distinguer, à l'aide d'une lorgnette, les pièces de canon et les hommes de l'équipage. L'un de ces bateaux avait quatre canons, l'autre six; ils s'approchèrent encore pendant l'espace de quelques minutes, et s'arrêtèrent à peu près à dix-huit cents mètres de la ville. Pendant un instant, ils firent mine de s'embosser, et tout le monde crut qu'ils allaient envoyer leurs bordées; mais, au lieu de continuer à avancer, ils restèrent immobiles; puis tout à coup ils prirent le large, et disparurent dans la brume. On ne les a plus revus de toute la journée.

Ces deux vapeurs autrichiens ont agi avec prudence; une batterie masquée les guettait de la rive comme le chat guette la souris. S'ils s'étaient avancés seulement de deux cents mètres de plus, ils étaient foudroyés. Il y a deux jours, une batterie sarde avait déjà coulé sur ce lac de Garde un petit vapeur qui n'avait pas montré la même réserve que les deux bateaux de ce matin.

Dans la journée nous avons voulu aller visiter les ruines de la maison de Catulle, à la pointe de la presqu'île de Sermione. Nous prîmes une jolie barque dont la proue, façonnée en manche de guitare, rappelait par sa forme les gondoles vénitiennes; mais nous n'étions pas parvenus au milieu du lac que Meissonnier me fit remarquer un petit morceau d'étoffe de mauvaise apparence qui pendait au sommet de la tour de l'église : la barque vira de bord immédiatement. Les ruines de la maison de Catulle étaient encore au pouvoir des Autrichiens. Nous ajournâmes notre visite jusqu'au prochain départ des habits blancs, et nous espérons, dans tous les cas, que l'aimable poëte nous tiendra compte de l'intention.

A l'heure qu'il est, l'armée française occupe Mozambano, Molini et Goïto, célèbre par la victoire remportée en 1848 par les Piémontais sur les Autrichiens commandés par Radetzki. C'est à Goïto que fut blessé Victor-Emmanuel, alors duc de Savoie. L'ennemi a abandonné Valeggio pour n'être pas pris à dos par le corps du prince Napoléon, qui s'avance dans cette direction et qui va faire sa jonction avec le gros de l'armée. On croit ici que les Autrichiens n'oseront pas accepter une nouvelle bataille près du Mincio, et qu'ils se sont décidément retirés dans Vérone.

Volta, 30 juin.

J'étais parti hier de très-bonne heure de Dezenzano, d'où je vous ai écrit ma dernière lettre, et ce ne fut pas sans terreur que j'aperçus de loin la tour crénelée de Cavriana, qui me rappelait la tour où fut enfermé le malheureux comte Ugolin ; mais en m'approchant de ce village, perché comme un nid d'aigle, je ne fus pas médiocrement surpris de ne plus trouver dans les champs qui bordent la route ni tentes, ni cuisines en plein air, ni hommes, ni chevaux. Quelques foyers mal éteints et un sol piétiné attestaient seuls le passage de nos troupes, qui avaient levé le camp pendant mon absence de vingt-quatre heures. Cavriana, la veille encore, présentait l'aspect d'une capitale militaire, mais en ce moment elle était triste, abandonnée, déserte ; les habitants savaient que l'Empereur était parti le matin, et pas un seul ne pouvait me dire où il était allé.

Un officier de chasseurs que je rencontrai fort heureusement m'apprit que le quartier général était transporté à Volta, à deux kilomètres du Mincio.

Je repartis immédiatement pour Dezenzano, où j'avais laissé mon bagage, et, comme cette journée de course m'avait un peu fatigué, je me couchai en arrivant ; mais je fus presque aussitôt réveillé par le bruit du canon. Les détonations étaient si fortes et paraissaient si rapprochées que je crus qu'on se battait dans les rues de Dezenzano ou tout au moins au village voisin, à Rivoltella, quartier général du roi Victor-Emmanuel.

Le lac semblait incendié. Chaque éclair du canon se reflétait dans ce vaste espace liquide et illuminait les flots d'une lueur rouge qui donnait aux montagnes un aspect fantastique. C'était la première fois que j'assistais au grandiose spectacle d'une bataille de nuit. La voix du canon, répercutée par les échos des Alpes du Tyrol, tonnait avec une formidable majesté au sein de cette belle nature endormie, et je n'ai jamais vu un plus splendide contraste que celui de ce lac tranquille, de ces Alpes immobiles et de cette artillerie déchaînée dont les lueurs intermittentes teignaient de tons roses les coteaux et les maisons de plaisance de la jolie presqu'île de Sermione.

Toute la population fut bientôt sur pied; mais on ne savait au juste où était l'engagement. Quelques personnes, parmi lesquelles des officiers piémontais, montèrent à cheval et partirent. Un colonel hongrois de mes amis, qui suit le quartier général depuis le commencement de la campagne, me proposa d'aller avec lui à la découverte. En passant à Rivoltella, nous aperçûmes le roi à la tête de son état-major, et là nous sûmes que l'ennemi, enfermé dans Peschiera, venait de tenter une sortie, et qu'il attaquait les positions d'une division piémontaise. Au bout d'un quart d'heure de marche sur la grande route, nous arrivions en effet sur les derrières de cette division, qui, après avoir battu en retraite pendant quelques minutes, venait de prendre l'offensive et repoussait vigoureusement les Autrichiens. La marche en avant des Piémontais était telle que nos chevaux avançaient au grand pas sans s'arrêter. A quatre heures le feu était éteint; l'ennemi, repoussé, avait été se réfugier derrière ses murailles, après avoir laissé un assez grand nombre des siens sur le champ du combat.

En revenant à Dezenzano, nous rencontrâmes une autre division piémontaise qui se dirigeait tout droit vers le Mincio, qu'elle allait traverser pour se rendre par la rive gauche de la rivière sur une éminence nommée le Belvédère, et qui domine Peschiera. C'est le point le plus favorable pour faire le siége de la place, et c'est de ce point que la ville fut bombardée en 1848 par les Piémontais, qui y entrèrent tambours battant, enseignes déployées. Du côté du lac de Garde, Peschiera sera aussi attaquée par les canonnières françaises, et vous pouvez être assuré que le siége ne traînera pas en longueur.

J'ai dit définitivement adieu à Dezenzano ce matin, et je me suis dirigé vers Volta en traversant le camp piémontais et le corps d'armée du maréchal Baraguey d'Hilliers. Vers neuf heures du matin, J'arrivai à Mozambano, quartier général du maréchal. On aurait pu croire que la ville venait d'être ravagée par une épidémie. Toutes les maisons étaient hermétiquement closes, et l'on ne voyait dans les rues que nos soldats qui se pressaient autour des cantines. Je descendis à l'*Albergo del Agnello*, dont la porte cochère était ouverte, mais qui n'avait pas un seul habitant. Dans la cour, personne ; dans la cuisine, les quatre murs ; dans une chambre voisine, deux chasseurs à pied du 17e bataillon, couchés sur le parquet et vidant tranquillement leur bidon. « Monsieur, me dit l'un des deux chasseurs, si vous venez à Mozambano pour déjeuner, vous êtes bien tombé. Tous les restaurants sont fermés, mais les boutiques des perruquiers sont ouvertes. » Je dois dire qu'en effet les seules boutiques ouvertes dans la ville appartenaient aux trois Figaros de l'endroit.

En allant sur la place, je vis une centaine de soldats réunis autour d'un puits, chacun attendant son tour pour attacher son bidon à la corde et le remonter rempli d'eau fraîche. Ils ne tarissaient pas en lazzis sur la disparition des habitants.

« Si cela continue, disait l'un d'eux, on ne pourra pas dire que nous avons fait mauvais ménage avec les naturels du pays, car nous ne savons pas encore comment ils sont bâtis.

— Je parie, disait un autre, qu'ils se sont enfuis avec les Autrichiens. »

La solitude de Mozambano s'explique facilement. Ces pauvres villageois, qui ont déjà vu passer deux fois en quelques jours l'avalanche autrichienne, se sont enfuis ou cachés en mettant littéralement la clef sous la porte. Où sont-ils? dans leur cave, dans leur grenier, dans les campagnes, au fond des bois? Les Autrichiens, en pillant leurs misérables maisons, leur ont appris à ne voir dans tout soldat qu'un malfaiteur armé qui abuse de sa force.

A Mozambano, je me donnai la petite satisfaction de franchir le Mincio, à moi tout seul : deux ponts avaient été jetés par nos pontonniers, et déjà deux divisions françaises avaient traversé en cet endroit cette petite rivière, qui fait plus de bruit qu'elle n'est grosse. Après avoir fait soixante pas, je me trouvai sur le territoire de la Vénétie, au milieu des grand'gardes du premier corps d'armée.

Toute la rive gauche du Mincio est hérissée de fortifications en terre élevées par les Autrichiens et abandonnées par eux; des redoutes, des ouvrages crénelés, des fossés, des forts, des demi-lunes, une quantité de travaux qui n'auront servi à rien. Au delà de cette première ligne fortifiée, qui borde en quelque sorte la rivière, ils avaient encore eu la précaution d'établir une seconde ligne de défense sur les hauteurs qui dominent la plaine. On ne comprendrait pas comment de pareilles positions n'ont pas été défendues, si l'on ne venait à songer que l'ennemi sait aujourd'hui à n'en pas douter de quelle leste façon nos soldats montent à l'assaut des mamelons à pic comme ceux de Cavriana et de Solferino. C'est la victoire de Solferino qui a déterminé les Autrichiens à abandonner la plaine et les montagnes, et à aller chercher un abri derrière l'Adige. Pour le moment, toute l'armée ennemie est dans ses forteresses, et quelque exorbitant que cela puisse paraître, il ne reste plus un seul soldat autrichien dans le quadrilatère.

Après m'être promené pendant une heure sur la rive gauche du Mincio, je revins à Mozambano et je me hâtai de continuer ma route vers le quartier général. A midi, j'arrivais à Volta, qui n'est pas une ville beaucoup plus grande que Cavriana, ni surtout beaucoup mieux fournie de provisions. Le terrible mot *niente* commença à tinter comme un glas à mon oreille, aussitôt que je manifestais la folle prétention de demander quelque chose aux différents hôteliers. *Niente, signore, niente, niente,* telle est la phrase sacramentelle avec laquelle les restaurateurs de l'estomac public accueillent l'hôte qui pose ses pieds poudreux sur leur seuil. O hospitalité antique ! je me hâte d'ajouter que si ces pauvres gens ne donnent rien, c'est qu'ils n'ont littéralement rien à donner, non-seulement aux voyageurs, mais à leur famille affamée. Mon hôtelier, je veux dire le brave homme qui m'a permis de m'installer dans une chambre où il n'existe ni lit, ni chaises, ni table, ni rien de ce qui constitue un mobilier, m'a affirmé que les Autrichiens l'avaient complétement pillé, volé, détroussé, et qu'il devait à un sergent français la chemise qu'il portait sur son corps.

A mesure que nous avançons vers le Mincio, les plaines fertiles font place à un terrain plus maigre. Dans la Vénétie, moins riche que la Lombardie, et occupée depuis deux mois par 300 000 Autrichiens, les ressources alimentaires seront encore plus problématiques. Et cependant déjà, à l'heure qu'il est, nous vivons, je ne dirai pas au hasard de la fourchette, mais à la fortune du saucisson ou du fromage qu'on parvient à trouver après des recherches aussi opiniâtres que celles qui conduisirent Christophe Colomb à la découverte de l'Amérique.

Je ne vous cacherai pas, cependant, qu'il ne tiendrait qu'à nous de dîner *en ville*, à peu près tous les jours, les officiers des divers régiments campés autour du quartier général nous offrant, toutes les fois qu'ils nous rencontrent, la table et le couvert à leur cantine.

Demain matin à sept heures, l'Empereur transportera le quartier général à Valeggio, puis de là à Villafranca; si vous voulez consulter la carte, vous verrez que ces deux bourgs sont, à partir du Mincio, les premières étapes sur le chemin de Vérone. Nous voilà partis vers la patrie de Roméo et de Juliette, laissant aux Piémontais le soin de s'emparer de Peschiera. Vérone est, il paraît, un morceau assez dur à avaler, mais comme on a un très-grand appétit, vous pouvez être certain qu'on l'avalera.

Valeggio, 1ᵉʳ juillet.

J'ai quitté Volta ce matin à cinq heures, prenant une avance de deux heures sur le départ de l'Empereur, pour n'être pas arrêté par l'embarras des fourgons et des bagages. Toutes les divisions partaient déjà du quartier général, musique en tête et tambours battants. La route de Volta à Valeggio est charmante : c'est une des plus pittoresques que nous ayons traversées depuis le commencement de la campagne.

A deux kilomètres avant d'arriver à Valeggio, on traverse le Mincio sur un pont de bateaux construit par nos sapeurs du génie; un vieux château ruiné s'élève sur la rive droite et montre encore ses colossales constructions. A cet endroit de son cours, le Mincio, dominé par un petit village appelé Borghetto, et encaissé entre deux rives rapprochées, roule des flots précipités, saute par-dessus de hautes écluses et offre l'aspect d'un petit Niagara; vous verrez ce point de vue vraiment extraordinaire, devant lequel l'Empereur s'est arrêté pendant quelques minutes, reproduit par un des plus habiles dessinateurs de l'*Illustration*, dont les gravures ont un grand succès parmi tous les corps de l'armée d'Italie. Une grande partie des habitants de Valeggio, avertis de l'arrivée de l'Empereur, étaient accourus au-devant de lui jusqu'au pont de Borghetto, et telle était leur allégresse en apercevant la tête de nos colonnes qu'ils poussaient les cris : *Viva l'imperatore! Viva il liberatore! Viva il vincitore!* longtemps avant que l'Empereur eût abandonné son quartier général de Volta.

Nous avons rencontré à Volta et à Valeggio, qui est une des plus jolies petites villes où nous ayons fait une station, des cœurs vraiment italiens. J'ai retrouvé là l'enthousiasme de Gênes et de Milan, le patriotisme sincère, l'amour sacré de la patrie, ces longs frémissements qui émeuvent l'âme et l'exaltent. Les hommes pleuraient, les femmes agitaient leurs mouchoirs, les jeunes filles jetaient à nos soldats des fleurs : c'était attendrissant et charmant. Il n'est peut-être pas de ville qui ait plus souffert que Valeggio du passage des Autrichiens. Tout a été enlevé aux habitants : linge, couvertures, argenterie; tout, jusqu'aux ustensiles de cuisine. Pas une goutte de vin dans les caves, les tonneaux ont été défoncés. Pas une botte de foin dans les écuries, pas une serviette dans les armoires. Ce n'est plus par la réquisition, c'est par le rapt et le pillage que procédait l'ennemi. Je vais vous raconter un fait dont j'ai été aujourd'hui même un des témoins.

Une heure après mon arrivée à Valeggio, j'avais été faire une visite à M. le grand prévôt de l'armée d'Italie, cet aimable colonel de Vernon, qui a été jusqu'à ce jour une de mes providences. On me dit qu'il était dans la cave de la maison. Je descendis dans la cave. Un maçon défonçait un mur derrière lequel le propriétaire avait caché ses objets les plus précieux. L'ouverture pratiquée, on sortit de l'argenterie, des chemises, des tableaux, des livres, des matelas, des glaces, et quelques meubles de prix. Nous demandâmes au propriétaire depuis combien de temps il avait enfoui tous ces objets dans ce four muré. « Depuis que la guerre a été déclarée, répondit-il; quand j'ai appris que les Autrichiens devaient passer par ici, j'ai fait disparaître tout mon argent et presque tout mon mobilier. Ils m'avaient déjà pillé en 1848; j'ai pris mes précautions, comme vous voyez, pour n'être pas pillé en 1859. »

Comme on m'a accusé à Paris d'exagérer les mauvais traitements de l'Autriche à l'égard des Italiens, je citerai toutes les personnes qui assistaient à cette scène. Outre le grand prévôt, il y avait M. Meissonnier, M. le capitaine Allard et M. le capitaine Petitjean. Je cite les faits avec témoignages à l'appui.

J'en veux quelquefois à mes compagnons, quand je les entends accuser de mauvais vouloir les paysans des villages que nous traversons, parce que ces pauvres gens n'ont pas seulement une goutte d'eau à donner à nos soldats. Ces infortunés, saccagés et ruinés, sont les premiers à plaindre. Il n'est pas étonnant qu'ils ne donnent rien, même pour de l'argent, puisque tout ce qu'ils possédaient leur a été enlevé. Le lendemain de la grande bataille du 24 juin, j'arrivais vers six heures du matin au village de Solferino. Triste village! Tous les meubles des chaumières étaient brisés, la plupart des maisons avaient été elles-mêmes détruites par le feu de l'artillerie. Solferino présentait le tableau de la désolation. Je vois encore, au moment où je vous écris, un grand vieillard traînant un enfant de chaque main, et qui, ayant fui la veille comme tous les habitants du village, revenait chercher sa pauvre maison au milieu des ruines. Il s'arrêta devant une chaumière dévastée, poussa un profond soupir, et s'écria d'une voix claire, dans cette belle langue italienne aux voyelles sonores : « O mon Dieu ! pourquoi nous, les pauvres habitants de ce pays, devons-nous toujours payer pour tous les autres ? » Puis, franchissant le seuil de sa maison criblée de balles, il s'assit par terre et pleura.

La figure de ce vieillard, son attitude, le son douloureux de sa voix m'avaient profondément attendri, et depuis le jour où je l'ai vu, toutes les fois que je rencontre dans les villages où nous passons quelque habitant au regard triste et résigné, je me rappelle le pauvre homme de Solferino.

A mon arrivée à Valeggio, j'eus occasion d'aller visiter le palais qui allait être habité par l'Empereur. C'est un édifice très-beau au dehors, mais plus que simple à l'intérieur. Voici un détail curieux, dont je vous garantis l'exactitude : sur toutes les portes des chambres on lisait encore, écrits à la craie, les noms des archiducs et des généraux autrichiens qui les avaient occupées : Chambre de l'archiduc Charles, chambre de S. A. le duc de Modène, chambre du prince de Nassau, chambre du feld-maréchal Hess, etc., etc. L'empereur Napoléon occupe naturellement les appartements de l'empereur François-Joseph.

Les habitants de Valeggio affirment qu'ils n'ont jamais vu une débandade pareille à celle de l'armée autrichienne le lendemain de la bataille de Solferino. Les Autrichiens ne passaient pas par bataillons ni même par compagnies, mais par bandes de vingt-cinq à trente hommes, la cavalerie mêlée avec l'infanterie; quelques généraux voulurent tenter de rallier les fuyards au Mincio et les ramener au combat, mais les soldats refusèrent de marcher et menacèrent leurs officiers. On ajoute que plusieurs de ces officiers, furieux de la mutinerie de quelques soldats, prirent un pistolet et leur cassèrent la tête.

Ce matin encore j'ai entendu une vigoureuse canonnade dans la direction de Peschiera. Si le quartier général ne doit pas être transporté ailleurs pendant quelques jours, j'irai demain savoir ce qui se passe au camp piémontais.

On m'assure que le 5ᵉ corps d'armée, commandé par le prince Napoléon, est en face de Mantoue. On dit aussi que le prince arrivera ce soir au quartier général.

Quartier général, 2 juillet.

Le quartier général est toujours à Valeggio, et nous avons un soleil à durcir les œufs à l'ombre, quarante degrés de chaleur bien comptés, sans le moindre souffle, sans la plus petite brise. Aujourd'hui, toutes les boutiques sont fermées par suite du manque absolu de provisions. Pas un café ouvert, pas un restaurant; on pourrait mourir de soif faute d'un verre d'eau si l'on n'avait toujours à sa disposition le bidon hospitalier du premier soldat qui passe. Tous les vivres et toutes les provisions de Valeggio ayant été épuisés dans la journée d'hier, les débitants ont fermé leurs portes, et ils ne les rouvriront que lorsque des provisions nouvelles seront arrivées de Brescia.

L'armée ne manque de rien : elle a ses rations,

sa distribution quotidienne de vin et de café ; grâce au service régulier des convois venant de France, elle est amplement fournie partout où elle campe. Chaque division en marche est suivie d'un troupeau de bœufs. A peine installés dans leur campement, les soldats se divisent la besogne : ceux-ci creusent la terre et improvisent un fourneau ; ceux-là vont chercher le bois ; ceux-là préparent la marmite, qu'on remplit de légumes ramassés un peu partout, pendant que les bouchers font leur œuvre. Au bout de deux heures, toute la division a du bouillon et de la viande. Il n'y a pas à craindre que la viande ne se corrompe : elle marche derrière les soldats, et on tue les bœufs sur place au fur et à mesure des besoins. Ce service est donc merveilleusement organisé. Là où l'armée autrichienne, qui écrasait le pays de réquisitions, mourait de faim, la nôtre vit comparativement dans l'abondance.

Cette bonne nourriture du soldat entretient sa santé et sa gaieté, et lui permet d'être toujours prêt à combattre ; mais vous comprenez combien de soins il faut prendre pour que les convois qui viennent de si loin arrivent chaque jour à l'heure dite.

On a été tout surpris à Paris qu'immédiatement après la victoire de Solferino, on n'eût pas traversé le Mincio. Je me serais promené sur le boulevard le 26 juin, au moment où est parvenue la nouvelle de la bataille, que j'aurais probablement été fort étonné, moi aussi, de l'apparente inaction de l'armée victorieuse; mais, comme je vois ici comment les choses se passent, il m'est impossible de partager l'étonnement des stratéges de Tortoni.

La difficulté de nourrir une armée de 150 000 hommes n'est pas mince. Les convois ne pouvant précéder l'armée dans un pays occupé par l'ennemi, il résulte que si cette armée se fût lancée le 24 au soir à la poursuite des Autrichiens derrière le Mincio, elle serait restée sans vivres pendant quatre ou cinq jours. L'armée française aurait traversé le Mincio trois jours plus tôt, mais il est certain qu'elle serait morte littéralement de faim trois jours après.

N'oublions pas que, dans les premières campagnes d'Italie, le général Bonaparte, qui marchait d'ailleurs en pays conquis, ne commandait qu'une armée de 30 000 hommes, et qu'il pouvait faire des marches et des contre-marches qu'on ne peut exiger d'une armée cinq fois plus nombreuse, surtout dans un pays complétement dévasté par l'ennemi.

Chaque jour nous voyons de nouveaux uniformes arriver au quartier général. Outre le colonel Claremont, colonel anglais en mission auprès de l'armée française, la colonie étrangère s'est recrutée ces jours-ci d'un général anglais, d'un général espagnol et de son état-major, et aujourd'hui on a vu arriver un aide de camp de l'empereur de Russie, qui vient pour suivre les opérations militaires. Cet officier a été reçu ce matin par l'Empereur, et il lui a remis une lettre autographe de l'empereur de Russie.

Le prince Napoléon est arrivé hier au soir à huit heures; il a passé la nuit au palais impérial. Ce matin, le roi Victor-Emmanuel entrait incognito dans Valeggio, et après être resté une heure avec l'Empereur et le prince Napoléon, il retournait à Rivoltella. Le prince, qui repartait au même moment pour rejoindre son corps d'armée, va établir son quartier général à Goïto, petite ville située à douze kilomètres de Mantoue.

Je me suis rencontré hier avec un des administrateurs du chemin de fer de Villafranca à Vérone, et il m'a affirmé qu'il avait organisé, d'après les ordres de l'autorité autrichienne, trente convois de blessés, contenant chacun 1000 soldats. Vous voyez que nous ne nous doutions pas encore de l'étendue des pertes de l'Autriche. Il paraît que le jour de la bataille de Solferino, l'empereur François-Joseph avait ordonné qu'on fît une réquisition de cent tombereaux, dans lesquels on empilait au fur et à mesure les morts et les blessés qu'on pouvait ramasser sur le champ de bataille. Si, à ces 30 000 blessés, vous ajoutez les 6000 prisonniers du 24 juin, les 2000 ramassés le 25, un millier d'hommes disparus et à peu près 6000 morts, cela donnera un chiffre de 45 000 Autrichiens mis hors de combat à la suite de la bataille.

Les détonations de l'artillerie n'ont pas cessé du côté de Peschiera, dont nous ne sommes pas éloignés de plus de trois lieues. Hier au soir, je suis monté sur le mamelon où est situé le vieux château de Valeggio, et, de là, j'apercevais les bombes et les fusées qui se croisaient dans l'air et que les Autrichiens dirigeaient sur Ponti. Tout le pays de Ponti et de Peschiera semblait incendié.

Il paraît qu'on attend l'arrivée de vivres pour se diriger de Valeggio vers Villafranca, petite ville placée au beau milieu du quadrilatère. On dit que Villafranca sera le quartier général définitif pendant le siége de Vérone, qui va commencer incessamment. On recommence à croire à une prochaine bataille sur l'Adige.

Valeggio, 4 juillet.

Rien de nouveau depuis que nous sommes ici. L'armée, foudroyée par le soleil, soupire après un orage; mais le ciel n'a pas un nuage, et l'implacable azur nous menace encore pour longtemps. Les nuits sont aussi brûlantes que les jours, et c'est à peine si, le soir, on peut respirer quelques rares bouffées d'air chaud quand on se promène sur l'herbe desséchée de la rive du Mincio. Nos soldats, pour échapper aux morsures du soleil, se baignent deux ou trois fois par jour dans la rivière. En somme, malgré la température excessive, l'état sanitaire de nos troupes est satisfaisant.

Hier, j'ai mis à exécution le projet que j'avais formé, l'avant-veille, d'aller aux avant-postes de l'armée piémontaise, à Ponti. Je partais à neuf heures du matin. Cette rive droite du Mincio que l'on suit jusqu'à Mozambano serait une promenade au milieu du paradis terrestre si l'on ne rencontrait à chaque pas la trace indélébile du passage des Autrichiens, qui ont abattu tous les grands arbres bordant la rivière pour les rejeter sur la route comme autant de chevaux de frise.

Ces arbres, sciés à deux pieds du sol, donnent au paysage un aspect lamentable. On dirait qu'une trombe a passé sur ce pays et a transformé en désert ces vastes jardins des bords du Mincio. J'aperçois une grande ferme sur la droite ; je me dirige de ce côté et je demande si l'on ne peut pas me donner un verre d'eau. « Asseyez-vous, monsieur, me répond le fermier, vous allez avoir de l'eau fraîche. » Il envoie un domestique chercher de l'eau au Mincio, et il me prie de l'excuser si sa femme et ses filles sont si mal vêtues le saint jour du dimanche.

« Nous avions, ajoute-t-il, du linge et des habits de rechange, mais tout cela nous a été pris, ainsi que nos provisions et la plus grande partie de notre bétail. J'avais quatre-vingts bœufs dans mes étables, il m'en reste trente ; j'avais dix vaches laitières, on me les a enlevées. Vous tombez au milieu d'une famille qui passait pour riche dans le pays, et qui est maintenant complétement ruinée. »

A ces dernières paroles, le fermier s'attendrit et ses yeux devinrent humides. « Saint corps du Christ! s'écria sa femme, qui n'avait encore rien dit, pourquoi raconter tout cela à cet étranger? Qui te dit que cet homme est un de nos amis? » Je pris les mains de la fermière, et je fis tous mes efforts pour la rassurer ; malheureusement elle comprenait à peine la moitié du mauvais italien que je lui débitais. Le domestique revint et me présenta une écuelle d'eau fraîche. Je serrai la main du fermier et celle de sa femme, et je remontai en voiture, mais je ne suis pas très-certain que la fermière ait vu en moi autre chose qu'un espion autrichien.

Depuis plus d'un demi-siècle, c'est l'Autrichien qui est le symbole de la force dans ce malheureux pays, et, malgré les victoires des Français, les paysans redoutent toujours la colère de leur oppresseur. « Les Français ne seront pas plutôt partis, me disait un habitant de Cavriana, que les Autrichiens reviendront. » C'est cette crainte du retour des Autrichiens qui inquiète les paysans de la Lombardie et de la Vénétie, et les empêche d'applaudir ostensiblement, comme les habitants des villes, aux triomphes de nos soldats.

En arrivant près de Mozambano, je rencontre une escouade de zouaves occupés à faire bouillir leur café. Un des zouaves s'approcha de moi. « Vous ne me reconnaissez pas? — Non. — Cela prouve que j'ai une mémoire meilleure que la vôtre…. Vous ne vous rappelez pas que vous m'avez donné votre gourde et un cigare à Solferino, le jour de la bataille? Comme une politesse en vaut une autre, je vous arrête…. vous allez prendre le café avec nous. » J'accepte, et je fais cercle avec mes zouaves. Celui qui m'avait fait l'honneur de m'inviter me dit qu'il va procéder au *sucrage* du café. Il étend gravement les mains au-dessus de la terrine, fait le geste de charger un fusil, et déclare que la chose est sucrée extraordinairement en mon honneur. Je prends la tasse qu'on me présente et j'avale un breuvage plus amer que l'absinthe, mais sans faire la moindre grimace. Cette bonne contenance me fit le plus grand honneur auprès des zouaves, qui m'avouèrent qu'ils n'avaient plus un seul morceau de sucre, et que quand le sucre manquait, ils le remplaçaient par un geste expressif dont il serait difficile de donner l'exacte description : cela s'appelle sucrer le café en trois temps et deux mouvements.

J'arrivai à Ponti au moment où le roi Victor-Emmanuel entrait dans la tranchée avec son état-major. La parallèle commence à partir d'un monticule appelé *monte della Croce* et s'étend devant le village jusque vers le lac de Garde. De ce monticule on aperçoit Peschiera enfoncée dans une sorte d'entonnoir, mais entourée de quatorze redoutes très-fortes et hérissées de pièces d'artillerie. Les sentinelles autrichiennes, placées tout au plus à une portée et demie de fusil, se promènent d'autant plus tranquillement, que les Sardes ont reçu l'ordre de ne pas répondre au feu des assiégés jusqu'au moment où la tranchée sera démasquée.

On assure que les canons piémontais seront placés demain ou après-demain au plus tard, et le siége commencera alors dans toutes les règles. En attendant, les Autrichiens lancent sur Ponti des fusées, des obus, et s'efforcent de mettre le feu aux quatre coins du village. Une douzaine de maisons ont commencé à prendre feu, mais deux ou trois seulement ont pu être complétement incendiées.

Avant-hier au soir, l'ennemi tenta une sortie; il fut repoussé avec perte par la brigade de Savoie, qui lui tua quelques hommes, en blessa un assez grand nombre et lui fit une cinquantaine de prisonniers. Du haut du monticule de la Croix on apercevait les Autrichiens exécutant de grands travaux du côté du port. C'est de ce côté que Peschiera sera bombardée par nos chaloupes canonnières, qui sont enfin arrivées hier au soir à Dezenzano.

Ponti n'offre pas encore un grand intérêt, comme vous le voyez; il faut attendre deux ou trois jours. Mais très-certainement d'ici à trente-six heures la tranchée sera ouverte, et nous assisterons des premières loges aux opérations du siége.

Au moment où je rentrais à Valeggio, j'apprenais qu'un parlementaire venait d'arriver au quartier général. Ce parlementaire est le fils du général Urban, commandant la place de Vérone. Il était chargé de remettre une lettre à l'Empereur. La venue de ce parlementaire a donné lieu à toutes sortes de suppositions contradictoires.

Les uns parlaient de propositions de paix offertes par l'empereur d'Autriche; d'autres prétendaient qu'il ne s'agissait que d'un simple échange de prisonniers. Le parlementaire, après être resté un quart d'heure à Valeggio, a été reconduit jusqu'aux avant-postes.

Le bruit court ici que deux nouveaux corps d'armée autrichiens, formant près de 100 000 hommes, viennent d'être transportés par les chemins de fer dans les places fortes du quadrilatère. Il serait bien possible que ce fût l'Autriche elle-même qui répandit cette nouvelle pour parer au mauvais effet qu'a produit en Europe, et surtout dans l'armée franco-sarde, la démoralisation de ses troupes après la bataille de Solferino.

Valeggio, 7 juillet.

Nous venons de remporter une petite victoire.... sur la température. Il était temps. On rôtissait, on étouffait et on fondait tout ensemble. Heureusement, hier, vers neuf heures du soir, une tempête s'est élancée des flancs des montagnes du Tyrol et a soufflé pendant toute la nuit. Ce matin, la chaleur est encore très-forte, mais enfin on respire, et c'est quelque chose de pouvoir respirer une bouffée d'air dans une ville aussi encombrée d'hommes et de chevaux.

Le quartier général de l'Empereur est toujours à Valeggio. Depuis que l'armée est entrée dans le quadrilatère, la guerre a changé de face. Ce n'est plus, comme depuis le début de la campagne jusqu'au Mincio, une espèce de course, une poursuite de l'ennemi. L'armée est campée entre deux places fortes, et c'est la guerre lente des siéges qui commence. Peut-être aurons-nous encore une bataille, sur les bords de l'Adige, mais ce sera la dernière.

Aujourd'hui il ne faut plus trop compter sur les grandes péripéties, mais s'armer de patience, une qualité qui n'est pas précisément la qualité dominante du caractère français. Un soldat me disait hier : « Comment se fait-il que les Piémontais n'aient pas encore pris Peschiera? » Or, les Piémontais, qui sont occupés depuis cinq jours à creuser la tranchée, n'ont point encore démasqué leurs batteries. Mais nous sommes ainsi faits, et nous nous étonnons que la besogne ne soit pas déjà accomplie, avant même qu'elle soit commencée.

Depuis que l'Empereur campe dans les villages et les petites villes, le séjour permanent du quartier général est devenu impossible pour quiconque n'a pas droit aux rations. Le manque absolu de vivres, la difficulté de trouver un logement forcent les *pékins* à tirer des bordées dans les environs. Jamais la définition de maison roulante donnée à la voiture n'a été mieux justifiée que dans les circonstances où nous sommes.

Nous vivons en voiture, nous y déjeunons, nous

y dînons et souvent nous y couchons : une existence d'escargot. Hier, j'étais parti de Valeggio pour aller chercher un dîner et un lit à Dezenzano. En sortant de Pozzolengo, je vis, marchant le long de la route, un jeune bersagliere portant son sac par une chaleur suffocante, et dont la figure ne m'était pas inconnue. Où avais-je déjà vu ce beau jeune homme? Lui aussi m'avait reconnu, car il s'approcha de moi et me tendit la main. « Vous ne me remettez pas? me dit-il; je suis le fils de Tamburini. »

Qui pouvait s'attendre à trouver sur cette route poudreuse, le sac au dos et le fusil sur l'épaule, un des jeunes élégants du boulevard? « Où allez-vous? — A Dezenzano. — Montez en voiture auprès de moi, et racontez-moi votre histoire. »

L'histoire de M. Tamburini est celle de tous ces jeunes Lombards qui ont abandonné leur famille et leur fortune pour se faire soldats de la cause italienne. Fils unique, adoré de son père, il a laissé son petit appartement parisien, ses aises et ses plaisirs, et il mène allègrement la rude vie du camp et de la bataille. A la grande affaire du 24 juin, il eut le bonheur de ne recevoir qu'une balle morte qui ne lui fit qu'une simple contusion, et il fut un des rares bersaglieri de la compagnie qui survécurent. Pour le moment, il est campé au-dessus de Ponti et il fait tous les jours le coup de feu avec les assiégés de Peschiera.

J'en étais là de ma lettre lorsqu'on vint me dire qu'il y aurait une grande bataille pour le lendemain. Toute l'armée venait de recevoir l'ordre de se tenir prête pour trois heures du matin. J'apprenais au même instant que M. le général Fleury, accompagné de son aide de camp, M. de Verdières, venait de partir pour Vérone en parlementaire. Les deux nouvelles étaient tellement contradictoires que l'une excluait l'autre, et cependant l'une et l'autre étaient vraies.

A deux heures et demie du matin, le camp se réveillait aux sons perçants du clairon, et, en quelques minutes, tout le monde était sur pied et en tenue de bataille. Si j'ai jamais vu une armée courir joyeusement à la rencontre de l'ennemi, c'est ce jour-là. Les régiments chantaient en défilant dans Valeggio, et on lisait sur tous les visages l'assurance de la victoire.

Nos soldats, fatigués de huit jours de repos, étaient d'autant plus animés qu'ils étaient convaincus que ce dernier effort allait leur assurer la possession de la Vénétie. « En route pour Vérone, et de Vérone pour Venise! » tel était le cri de l'armée. A sept heures, l'armée rentrait dans ses campements, fort désappointée de n'avoir pas rencontré l'ennemi, qu'elle était allée chercher jusqu'à Villafranca. Partie remise, disaient les soldats ; ce sera pour demain, si les Autrichiens sont prêts.

A dix heures, le général Fleury revenait de Vérone, et le bruit se répandait aussitôt dans tout le camp qu'un armistice d'un mois venait d'être conclu. Cette nouvelle parut tout d'abord si extraordinaire que personne n'y voulait croire. Un zouave que je rencontrai me demandait s'il était vrai qu'on eût accordé l'*amnistie* aux Autrichiens. Une heure après, la nouvelle était confirmée aux généraux par le major général de l'armée, M. le maréchal Vaillant.

Vous comprenez bien que dans la position victorieuse de l'armée française et de l'empereur Napoléon, l'armistice est la paix définitive. Si l'Empereur n'était pas certain du résultat, il n'irait pas compromettre ses victoires en donnant à l'armée ennemie, complétement démoralisée, le temps de se reconstituer. Dans le mois qui va suivre, un congrès ou une conférence réglera diplomatiquement le traité dont les bases ont été fixées par les deux empereurs. Une simple question de forme. Pendant ce mois, notre armée restera campée sur le Mincio ; mais on assure ici que l'Empereur va quitter le camp et partir pour Paris.

On ne sait encore quelles sont les conditions de la paix. La Lombardie est réunie au Piémont, cela ne fait de doute pour personne; quant à la Vénétie, on ignore quelle doit être sa nouvelle organisation politique : on parle d'un État indépendant placé sous le protectorat des cinq grandes puissances. Si cette hypothèse se réalise, *l'Italie sera libre des Alpes à l'Adriatique.*

Personne ne s'attendait à un dénoûment aussi brusque, et l'on ne se doutait guère surtout que l'Autriche pourrait accepter des propositions de paix, elle qui avait superbement déclaré qu'elle sacrifierait son dernier homme avant de céder volontairement un pouce de terrain en Lombardie. Quelle que soit l'issue de cette campagne, elle aura été une des plus glorieuses que la France ait jamais entreprises.

En six semaines, l'armée alliée gagne la victoire de Montebello, chasse les Autrichiens du Piémont, passe la Sesia, bat l'ennemi dans les deux journées de Palestro et dans la journée de Turbigo, franchit le Tessin, remporte la victoire de Magenta, entre à Milan, livre le lendemain le combat de Melegnano, poursuit l'Autrichien jusqu'à Castiglione, remporte la grande victoire de Solferino, et entre en Vénétie sans avoir été un seul instant arrêtée dans sa course par les efforts d'un ennemi presque toujours supérieur en nombre.

Cette jeune armée a complétement justifié les espérances de la France; elle s'est montrée par son courage, par sa discipline, par son enthousiasme, par sa constante bonne humeur au milieu des fatigues, la digne héritière des glorieuses armées de la République et du premier Empire.

Dezenzano, 11 juillet.

Nous nageons en pleine paix. Il y a deux jours, le maréchal Vaillant, le général de Martimprey et le général piémontais della Rocca se rendaient à Villafranca pour fixer, avec les généraux délégués de l'Autriche, la délimitation des lignes dans lesquelles devront se maintenir les deux armées pendant la durée de l'armistice et régler tous les détails de la suspension d'armes.

Au retour du maréchal et du général, les troupes opéraient aussitôt leur mouvement vers leurs cantonnements nouveaux. Il n'est plus nécessaire désormais que l'armée soit concentrée sur un étroit espace, elle va s'étendre sur une ligne d'une quinzaine de lieues.

Les commandants des corps resteront à leur

poste, et l'Empereur seul partira pour Paris. Le quartier général est transporté de Valeggio à Dezenzano.

Quoique le quartier général français soit transporté de la Vénétie dans la Lombardie, nous conservons toutes nos positions, c'est-à-dire la ligne et les hauteurs du Mincio. Le maréchal Baraguey-d'Hilliers reste à Castel-Nuovo, et le maréchal Canrobert à Valeggio. Pas un pouce du terrain conquis n'est abandonné. On n'étend la ligne de l'armée que pour prévenir les maladies, qui sont la conséquence inévitable de toutes les grandes agglomérations d'hommes sur un seul point.

Nous avons reçu de Mantoue et de Vérone des nouvelles qui annoncent que l'armée autrichienne, déjà si éprouvée à Solferino, est, à l'heure qu'il est, décimée par la peste. Vérone et Mantoue sont en proie au typhus. Tout ce qui a été écrit sur la démoralisation des troupes ennemies est de la plus stricte exactitude. L'empereur François-Joseph aurait dit au général Fleury cette mélancolique parole : « Vous avez une infanterie irrésistible. » Le feld-maréchal Hess aurait fait le même aveu, et il aurait ajouté : « Quant à votre artillerie, elle nous a stupéfaits ; elle avait déjà écharpé notre réserve avant que notre réserve eût donné. »

Pour croire à la miraculeuse puissance de nos batteries rayées, il a fallu que les généraux autrichiens les vissent à l'œuvre. Avant la bataille de Solferino, ils avaient de nos nouveaux canons une fort triste idée. Ils avaient été entretenus dans cette erreur par le rapport qu'adressait à l'empereur d'Autriche le comte Giulay quelques jours après le combat de Montebello. Le comte Giulay, on doit s'en souvenir, déclarait dans ce rapport que notre artillerie était faible, et que nos pointeurs manquaient de coup d'œil. L'empereur d'Autriche et ses généraux ont reconnu à Solferino que le comte Giulay n'avait pas été mieux inspiré dans son appréciation que sur le champ de bataille.

Dès hier au soir on parlait de la probabilité d'une entrevue entre les deux empereurs; et l'on apprenait à une heure assez avancée de la nuit que l'entrevue aurait lieu aujourd'hui même à Villafranca.

Ce matin, à neuf heures, l'empereur Napoléon, accompagné de tout son état-major et suivi d'une brillante escorte, quittait Valeggio et se dirigeait vers Villafranca, où il se rencontrait avec François-Joseph. Il m'est impossible malheureusement de vous donner aucun détail à ce sujet. J'avais été averti si tard de la rencontre des deux empereurs, que je n'ai pas eu le temps de me procurer une voiture pour aller à Villafranca. Dès six heures, ce matin, il ne restait plus à Dezenzano une seule voiture ni un seul cheval. On me dit que les deux souverains se sont abordés avec une courtoisie toute cordiale, et qu'en se séparant ils paraissaient fort contents l'un de l'autre.

Cette entrevue est une preuve évidente que les bases de la paix sont arrêtées entre l'empereur Napoléon et l'empereur François-Joseph, et que la guerre est définitivement terminée. Le congrès, dont l'Autriche ne voulait point entendre parler il y a trois mois, va s'ouvrir dans quelques jours, et, pour peu que toutes les questions qui intéressent l'Italie soient mises sur le tapis, les diplomates n'auront pas une minute à perdre, s'ils veulent avoir terminé leur œuvre à l'expiration de l'armistice, c'est-à-dire au 15 août.

La constitution de la Vénétie, les duchés, Naples, Rome, voilà bien des questions qu'il importe de résoudre. Ici, on se préoccupe surtout de l'avenir politique réservé à la Vénétie. On assure qu'elle formera un État séparé et indépendant, avec une armée nationale, des finances nationales, une administration nationale, etc., etc. Tout cela est fort beau, mais,.. il y a un mais.... et il est gros....

Je n'ai pas besoin de vous dire que depuis trois

jours la musique du canon que nous entendions tout le jour et toute la nuit a complétement cessé. J'ai vu arriver ici hier un habitant de Peschiera, et il n'y avait pas besoin de lui demander s'il était heureux. Lui et ses compatriotes s'attendaient à être brûlés tout vifs, et il était temps que la suspension d'armes arrivât pour eux, car les Piémontais s'apprêtaient à démasquer leurs batteries de siége au moment même où on leur apprenait la conclusion de l'armistice.

Les cinq chaloupes canonnières sont prêtes ou à peu près, mais elles se borneront à tirer des bordées innocentes sur le lac de Garde. Maintenant que la paix est faite, permettez-moi de prendre congé de ce beau ciel italien que je trouve, pour ma part, un peu trop implacablement azuré, et de revenir à Paris.

Turin, 5 août.

Si cette lettre avait la prétention d'être un article, je l'intitulerais : *La reconnaissance de l'Italie*, et je vous prie de croire que sous ma plume la reconnaissance ne signifie pas l'ingratitude. Il paraît qu'il est de mode à Paris de prétendre que les Italiens ne tiennent aucun compte du sang français versé dans les dernières batailles, et qu'ils n'ont au contraire que des sarcasmes et des paroles amères à l'adresse de leurs alliés. Je ne sais à quelle source ceux qui écrivent toutes ces belles choses vont puiser leurs informations ; mais s'ils avaient franchi les Alpes et s'ils étaient restés seulement un jour à Turin, à Milan ou à Brescia, je doute qu'ils eussent osé exprimer une pareille opinion, quel que soit d'ailleurs leur amour bien connu du paradoxe.

Je viens de parcourir encore une fois ce pays, que j'avais vu pendant la guerre, et je puis vous affirmer que le brusque dénoûment de Villafranca n'a point altéré les sentiments d'estime, de reconnaissance et d'affection que l'Italie a pour la France. Partout où ils ont passé au retour de la campagne, nos soldats ont été accueillis comme des frères par les populations; partout on a dressé, en leur honneur, des arcs de triomphe; à Milan, le Corso retentissait de *vivat*, et les fleurs pleuvaient comme au jour où l'Empereur faisait son entrée triomphale dans cette capitale délivrée; comme elles avaient salué l'arrivée de nos soldats, les Milanaises, debout sur leurs balcons et jetant des bouquets et des couronnes, saluaient leur départ. Beaucoup d'entre elles criaient *au revoir*, et dans la bouche de ces grandes dames, émues à la vue des vainqueurs de Magenta et de Solferino, ce mot était plein de mélancolie et d'espérance.

Interrogez les officiers qui ont séjourné à Milan, et je serais bien surpris s'ils ne conviennent pas tous qu'ils ont été reçus dans les familles lombardes comme des amis et des parents. Chaque soir, la promenade qui longe le parterre inachevé du palais Bonaparte était sillonnée d'équipages où les généraux, les officiers et de simples soldats, causaient assis avec leurs aimables hôtesses, dont la grâce était rehaussée par une sorte de coquetterie patriotique. Pas une voiture qui eût osé se montrer sans un vainqueur en uniforme. Toutes les armes se croisaient sur ce mail des élégances milanaises, où l'on semblait dire à nos soldats : « Si nous respirons librement la fraîcheur que nous versent ces beaux arbres, c'est à vous que nous le devons. »

Vous parlerai-je de Brescia? Tout le monde sait que la population de cette ville a été sublime de dévouement et de pitié. Brescia était un vaste hôpital ouvert aux blessés des armées alliées. Quelle maison n'avait son blessé de Solferino ou de San Martino? Si je ne craignais de porter atteinte à sa modestie, je citerais le nom d'une Bresciane qui avait recueilli dans sa maison quatorze officiers français et qui, aidée de sa belle-sœur et de ses deux cousines, ne cessa de veiller au lit de ses malades. Sur les quatorze blessés, un seul mourut, un capitaine, et je me rappelle le désespoir de cette honnête famille, qui accompagna en pleurant le convoi jusqu'au cimetière. De jeunes filles de seize ans passaient le jour et la nuit dans les hôpitaux, pansaient les blessés, lavaient leurs plaies, et, trouvant dans leur dévouement une énergie inconnue, soulevaient les malades dans leurs bras pendant qu'une de leurs compagnes remplaçait, par des draps propres, les draps souillés de sang. O sainte pudeur! J'en appelle à tous ceux qui ont été témoins de ce spectacle: en est-il un seul qui ne se soit senti ému jusqu'aux larmes, en voyant cette légion de belles jeunes filles transformées en anges de charité!

Et, depuis la paix de Villafranca, les blessés de Brescia ont-ils été traités avec moins de soin et moins de dévouement? J'étais, il y a quelques jours à Brescia, et des officiers qui ne sont point encore guéris m'affirmaient qu'ils étaient soignés par des mères et par des sœurs. « Je suis logé chez une des plus riches dames de la ville, me disait un chef de bataillon, il m'est impossible de m'acquitter jamais envers elle. Envoyez-moi, à votre arrivée à Paris, un objet d'art que je la prierai d'accepter, moins comme le témoignage de ma reconnaissance que comme le souvenir d'un homme qui lui doit la vie. » Et tous ils parlaient ainsi, et tous ils avouaient que, malgré leur vif désir de revoir leur famille et leur patrie, ils ne quitteraient pas sans un serrement de cœur cette ville hospitalière et dévouée aux malheureux blessés.

A Turin, cette dernière étape de nos troupes vers la France, les soldats français n'ont point été moins bien accueillis qu'à Brescia et à Milan. Deux arcs de triomphe ont été élevés, l'un sur la place Victor-Emmanuel, l'autre sur la place du château; la rue du Pô est pavoisée de drapeaux, et toute la population, rassemblée sous les *Portici*, salue par ses vivat nos bataillons qui passent. Au moment où je vous écris, je vois défiler de ma fenêtre des régiments d'artillerie, au milieu d'une foule immense rangée, en dépit de l'ardeur insupportable du soleil, de chaque côté de nos batteries. Chaque soldat porte des fleurs plantées dans le canon de son fusil, chaque officier a deux ou trois bouquets suspendus aux fontes de sa selle, les canons enguirlandés traversent les rues et les places, et, de partout, les fleurs tombent comme une averse. Hier, j'ai été témoin d'un fait encore plus significatif. Des soldats de la ligne se dirigeaient vers le chemin de fer, lorsqu'ils rencontrèrent dans la rue de la Cernaïa une compagnie piémontaise. Les Piémontais, par un mouvement spontané, levèrent leurs armes en l'air et crièrent : Vive la France! Nos soldats firent halte, on échangea des poignées de main, on causa pendant quelques minutes, puis, au moment de se séparer, Sardes et Français s'embrassèrent au milieu des applaudissements partis de la foule qui n'assistait pas sans émotion à ce spectacle.

L'accusation d'ingratitude lancée contre le peuple italien a causé ici une stupéfaction profonde. Un député sarde me faisait remarquer que cette accusation partait de Paris au moment même où le général Garibaldi, dans sa belle proclamation, datée de Lovere, recommandait à ses volontaires d'être toujours reconnaissants à l'égard de l'Empereur et de ne point oublier que, dans cette dernière guerre, le sang français avait coulé pour la patrie italienne. La proclamation de Garibaldi arrivait à point pour donner un énergique démenti à cette accusation, qui a produit dans toute l'Italie un si déplorable effet!

Il faut rendre cette justice à la presse italienne, que les plus accrédités de ses journaux ont répondu à l'injuste accusation dirigée contre l'Italie par une déclaration qui est la réfutation la plus complète de l'opinion exprimée par le journaliste parisien : « L'Italie, disait une feuille de Turin, sait tout ce qu'elle doit à ses héroïques alliés; elle sera éternellement reconnaissante envers l'invincible armée française; le Piémont, en particulier, n'oubliera jamais les services qu'il a reçus des soldats de Montebello, de Magenta et de Solferino; nous avons pu exprimer des regrets; l'Empereur luimême n'a-t-il pas dit qu'il lui en avait coûté de ne réaliser qu'une partie de son projet? Mais, entre l'expression de nos regrets et l'ingratitude, il y a une longue distance, et cette distance, l'Italie ne la franchira pas. »

FIN.

PARIS. — IMPRIMERIE DE CH. LAHURE ET Cie
Rues de Fleurus, 9, et de l'Ouest, 21

Librairie de **L. Hachette et Cie**, rue Pierre-Sarrazin, 14, à Paris.

# BIBLIOTHÈQUE VARIÉE

## NOUVELLE COLLECTION IN-18 JÉSUS.

On peut se procurer chaque volume de cette collection relié ;
le prix de la demi-reliure, dos en chagrin, est de 1 franc 50 centimes ;
tranches dorées, 1 fr. 75 c. ; avec plats dorés, 2 fr. 10 c.

### I. LITTÉRATURE CONTEMPORAINE.

(A 3 FR. 50 C. LE VOLUME.)

**About** (Ed.) : *La Grèce contemporaine.* 3ᵉ édition. 1 vol.
— *Nos artistes au salon de 1857.* 1 vol.

**Balzac** (H. de) : *Théâtre*, contenant Vautrin, les ressources de Quinola, Paméla Giraud, la Marâtre. 1 vol.

**Barrau** (Th. H.) : *Histoire de la Révolution française* (1789-1799). 1 vol.

**Bautain** (l'abbé) : *La belle saison à la campagne.* 2ᵉ édition. 1 vol.
— *La chrétienne de nos jours.* 2 vol.

**Bayard** (J. F.) : *Théâtre*, avec une Notice de M. Eugène Scribe, de l'Académie française. 12 vol.
Chaque volume se vend séparément.

**Belloy** (marquis de) : *Le chevalier d'Aï*, ses aventures et ses poésies. 1 vol.
— *Légendes fleuries.* 1 vol.

**Brizeux** (A.) : *Histoires poétiques*, suivies de *l'Inspiration*, ou poétique nouvelle. 1 vol.
Ouvrage couronné par l'Académie française.

**Busquet** (A.) : *Le poème des Heures.* 1 vol.

**Caro** (E.) : *Études morales sur le temps présent.*
Ouvrage couronné par l'Académie française.

**Castellane** (comte P. de) : *Souvenirs de la vie militaire en Afrique.* 3ᵉ édition. 1 vol.

**Champfleury** : *Contes d'été.* 1 vol.

**Charpentier** : *Les écrivains latins de l'empire.* 1 vol.

**Dargaud** (J. M.) : *Histoire de Marie Stuart.* 1 vol.
— *Voyages aux Alpes.* 1 vol.

**Daumas** (général E.) : *Mœurs et coutumes de l'Algérie* (Tell, Kabylie, Sahara). 3ᵉ édition. 1 vol.

**Didier** (Ch.) : *Les Amours d'Italie.* 1 vol.

**Énault** (L.) : *Constantinople et la Turquie*, tableau historique, pittoresque, statistique et moral de l'empire ottoman. 1 vol.
— *La Norvége.* 1 vol.
— *La terre sainte*, voyage des quarante pèlerins de 1853, avec la carte de la Palestine et le panorama de Jérusalem. 1 vol.

**Eyma** (X.) : *Les deux Amériques*, histoire, mœurs et voyages. 1 vol.
— *Les femmes du nouveau monde.* 1 vol.
— *Les Peaux-Rouges*, scènes de la vie indienne. 1 vol.

**Fétis** : *La musique mise à la portée de tout le monde* ; exposé succinct de tout ce qui est nécessaire pour juger de cet art, et pour en parler sans en avoir fait une étude approfondie. Deuxième édition, suivie d'un dictionnaire des termes de musique, et d'une bibliographie de la musique. 1 vol.

**Figuier** (L.) : *L'alchimie et les alchi-*

*mistes*, ou essai historique et critique sur la philosophie hermétique. 2ᵉ édition. 1 vol.
— *L'Année scientifique et industrielle*, 1ʳᵉ année (1856). 1 vol.; 2ᵉ année (1857). 1 vol.; 3ᵉ année (1858). 2 vol.
**Gautier** (Th.) : *Un trio de romans.* 1 vol.
**Gérard de Nerval** : *Le rêve et la vie.* 1 vol.
— *Les illuminés*, ou les Précurseurs du socialisme. 1 vol.
**Gotthelf** (J.) : *Nouvelles bernoises*, traduites par M. Max Buchon. 2ᵉ édit. 1 v.
**Houssaye** (A.) : *Histoire du quarante et unième fauteuil de l'Académie française.* 4ᵉ édition. 1 vol.
— *Le violon de Franjolé.* 6ᵉ édit. 1 vol.
— *Poésies complètes.* 4ᵉ édition. 1 vol.
— *Voyages humoristiques.* 1 vol.
**Hugo** (Victor) : *Théâtre.* 3 volumes :
   Tome I : Lucrèce Borgia, Marion Delorme, Marie Tudor, la Esmeralda, Ruy-Blas.
   Tome II : Hernani, le Roi s'amuse, les Burgraves.
   Tome III : Angelo, procès d'Angelo et d'Hernani, Cromwell.
— *Les Contemplations.* 2 vol.
— *Les Enfants*, livre des mères, extrait des œuvres poétiques de l'auteur. 1 v.
**Jouffroy** (Th.) : *Cours de droit naturel.* Nouvelle édition. 2 vol.
**Jourdan** (L.) : *Contes industriels.* 1 vol.
**Lamartine** (Alph. de) : *Œuvres.* 9 vol.
   Méditations poétiques. 2 vol.
   Harmonies poétiques. 1 vol.
   Recueillements poétiques. 1 vol.
   Jocelyn. 1 vol.
   La chute d'un ange. 1 vol.
   Voyage en Orient. 2 vol.
   Lectures pour tous. 1 vol.
— *Histoire de la Restauration.* 8 vol.
**Lanoye** (Ferd. de) : *L'Inde contemporaine.* 2ᵉ édition. 1 volume contenant une carte.
— *Le Niger* et les explorations de l'Afrique centrale, depuis Mungo-Parck jusqu'au docteur Barth. 1 vol.
**Laugel** : *Etudes scientifiques.* 1 vol.
**Lenient** : *La Satire en France au moyen âge.* 1 vol.
**Libert** : *Histoire de la chevalerie.* 1 vol.

**Lutfullah** : Mémoires traduits de l'anglais et annotés par l'auteur de *l'Inde contemporaine.* 1 vol.
**Marmier** (X.) : *Les fiancés du Spitzberg.* 1 vol.
— *Lettres sur le Nord.* 5ᵉ édition. 1 vol.
— *Un été au bord de la Baltique et de la mer du Nord* (Dantzig; Oliva; Marienbourg; la côte de Poméranie; l'île de Rugen; Hambourg; l'embouchure de l'Elbe; Helgoland). 1 vol.
**Méry** : *Mélodies poétiques.* 1 vol.
**Michelet** : *L'Amour.* 4ᵉ édition. 1 vol.
— *L'Insecte.* 3ᵉ édition. 1 vol.
— *L'Oiseau.* 6ᵉ édition. 1 vol.
**Milne** (W. C.) : *La vie réelle en Chine*, traduite de l'anglais par M. Tasset, et annotée par G. Pauthier. 1 vol.
**Molé-Gentilhomme et Saint-Germain Leduc** : *Catherine II*, ou la Russie au XVIIIᵉ siècle; scènes historiques. 1 vol.
**Montfort** (le capitaine) : *Voyage en Chine*, avec un appendice historique sur les derniers événements, par George Bell. 1 vol.
**Mornand** (F.) : *La vie des eaux*, contenant les bains de mer et les eaux thermales, avec des notes sur la vertu curative des eaux, par le Dʳ Roubaud. 2ᵉ édition. 1 vol.
**Mortemart-Boisse** (baron de) : *La vie élégante à Paris.* 2ᵉ édition. 1 vol.
**Nodier** (Ch.) : *Les sept châteaux du roi de Bohême; les quatre talismans.* Édition illustrée. 1 vol.
**Nourrisson** (J. F.) : *Les Pères de l'Église latine*, leur vie, leurs écrits, leur temps. 2 vol.
**Orsay** (comtesse d') : *L'ombre du bonheur.* 1 vol.
**Patin** (Th.) : *Études sur les tragiques grecs.* 2ᵉ édition. 4 vol.
**Perrens** (F. T.) : *Jérôme Savonarole* d'après les documents originaux et avec des pièces justificatives en grande partie inédites. 3ᵉ édition. 1 vol.
   Ouvrage couronné par l'Académie française.
— *Deux ans de révolution en Italie* (1848-1850). 1 vol.
**Pfeiffer** (Mme Ida): *Voyage d'une femme autour du monde*, traduit de l'alle-

mand, avec l'autorisation de l'auteur, par *W. de Suckau.* 1 vol.
— *Mon second voyage autour du monde,* traduit de l'allemand, avec l'autorisation de l'auteur, par *W. de Suckau.* 1 vol.

**Rougebief** (Eug.) : *Un fleuron de la France.* 1 vol.

**Saint-Félix** (J. de) : *Les nuits de Rome.* 1 vol.

**Saintine** (X.-B.) : *Picciola.* 1 vol.
— *Seul!* 1 vol.

**Sand** (George) : *L'homme de neige.* 2 vol.
— *Elle et Lui.* 1 vol.

**Scudo** (P.) : *Critique et littérature musicales.* 2 vol.
— *Le chevalier Sarti.* 1 vol.

**Simon** (Jules) : *La liberté.* 2e édit. 2 vol.
— *La liberté de conscience.* 4e édition. 1 vol.
— *La religion naturelle.* 4e édition. 1 vol.
— *Le devoir.* 5e édition. 1 vol.
  Ouvrage couronné par l'Académie française.

**Taine** (H.) : *Essai sur Tite Live.* 1 vol.
  Ouvrage couronné par l'Académie française.

— *Essais de critique et d'histoire.* 1 vol.
— *Les Philosophes contemporains.* 1 vol.
— *Voyage aux Pyrénées.* 2e édit. 1 vol.

**Texier :** *La chronique de la guerre d'Italie.* 1 vol.

**Théry** : *Conseils aux mères.* 2 vol.

**Töpffer** (R.) : *Nouvelles genevoises.* 1 vol.
— *Rosa et Gertrude.* 1 vol.
— *Le presbytère.* 1 vol.
— *Réflexions et menus propos d'un peintre genévois,* ou Essai sur le beau dans les arts. 1 vol.

**Troplong** : *De l'influence du christianisme sur le droit civil des Romains.* 1 vol.

**Ulliac-Trémadeure** (Mlle) : *La maîtresse de maison.* 1 vol.

**Vapereau** : *L'année littéraire,* 1re année (1858). 1 vol.

**Warren** (comte Édouard de) : *L'Inde anglaise avant et après l'insurrection de 1857.* 3e édition, revue et considérablement augmentée. 2 vol.

**Zeller** (J.) : *Épisodes dramatiques de l'histoire d'Italie.* 1 vol.

## II. ŒUVRES COMPLÈTES DES PRINCIPAUX ÉCRIVAINS FRANÇAIS.
(A 2 FRANCS LE VOLUME.)

**Boileau** : *OEuvres complètes.* 1 vol.
  Notice sur Boileau, — Satires, — Epîtres, — Art poétique, — Le Lutrin, — Poésies diverses, — OEuvres diverses en prose, — Réflexions sur Longin, — Traité du sublime, — Lettres.

**Corneille** : *OEuvres complètes.* 5 vol.
  TOME I : Notice sur P. Corneille, — Mélite, — Clitandre, — la Veuve, — les Galeries du palais, — la Suivante, — la Place royale, — Médée, — l'Illusion, — le Cid.
  TOME II : Horace, — Cinna, — Polyeucte, — Pompée, — le Menteur, — la suite du Menteur, — Théodore, — Rodogune, — Héraclius, — Andromède.
  TOME III : Don Sanche d'Aragon, — Nicomède, — Pertharite, — OEdipe, — la Conquête de la Toison d'or, — Sertorius, — Sophonisbe, — Othon, — Agésilas, — Attila, — Tite et Bérénice.
  TOME IV : Psyché, — Pulchérie, — Suréna, — l'Imitation de Jésus-Christ, — l'Office de la sainte Vierge.
  TOME V : Psaumes, — Hymnes, — Prières, — Poésies diverses, — Poëmes sur les victoires du roi, — Poésies latines, — Discours, Lettres ; — OEuvres choisies de Thomas Corneille.

**La Fontaine** : *OEuvres complètes.* 2 vol.
  TOME I : Notice sur La Fontaine, — Fables, — Contes.
  TOME II : Théâtre, — Poésies diverses, — Opuscules en prose, — Lettres.

— 4 —

**Molière** : *OEuvres complètes*. 3 vol.

Tome I : Notice sur Molière, — la Jalousie de Barbouillé, — le Médecin volant, — l'Étourdi, — le Dépit amoureux, — les Précieuses ridicules, — Sganarelle, — Don Garcie de Navarre, — l'École des maris, — les Fâcheux, — l'École des femmes, — la Critique de l'École des femmes, — l'Impromptu de Versailles, — le Mariage forcé.

Tome II : La princesse d'Élide, — les Plaisirs de l'île enchantée, — Don Juan, — l'Amour médecin, — le Misanthrope, — le Médecin malgré lui, — Mélicerte, — le Sicilien, — le Tartufe, — Amphitryon, — l'Avare, — George Dandin.

Tome III : Relation de la fête de Versailles, — M. de Pourceaugnac, — les Amants magnifiques, — le Bourgeois gentilhomme, — Psyché, — les Fourberies de Scapin, — la Comtesse d'Escarbagnas, — les Femmes savantes, — le Malade imaginaire, — Poésies diverses.

**Montaigne** (M.) : *Essais*, précédés d'une lettre à M. Villemain sur l'éloge de Montaigne, par E. Christian. 1 vol.

**Montesquieu** : *OEuvres complètes*. 2 vol.

Tome I : Notice sur Montesquieu, — Esprit des lois.

Tome II : Grandeur et décadence des Romains, — Lettres persanes, — le Temple de Gnide, — Dialogue de Sylla et d'Eucrate, — Essai sur le goût, — OEuvres diverses, — Lettres, — Table analytique.

**Pascal** (B.) : *OEuvres complètes*. 2 vol.

Tome I : Notice sur Pascal, — Vie de Pascal par Mme Périer, — Lettres à un Provincial, — Pensées, — Opuscules.

Tome II : OEuvres attribuées, — Traités divers de physique et de mathématiques, — Table analytique.

**Racine** (J.) : *OEuvres complètes*. 2 vol.

Tome I : Notice sur Racine, — Théâtre.

Tome II : Histoire de Port-Royal, — Fragments historiques, — OEuvres diverses, — Remarques sur l'Odyssée et sur Pindare, — Lettres.

**Rousseau** (J. J.) : *OEuvres complètes*. 8 vol.

Tome I : Notice sur J. J. Rousseau, — Discours, — les quatre premiers livres d'Émile.

Tome II : Fin d'Émile, — Économie politique, — Contrat social.

Tome III : Considérations sur le gouvernement de Pologne, - Lettres à Butta-Foco, — Projet de paix perpétuelle, — Polysynodie, — Julie ou la nouvelle Héloïse.

Tome IV : Mélanges, — Théâtre, — Poésies, — Botanique, — Musique.

Tome V : Dictionnaire de musique, — les Confessions.

Tome VI : Dialogues, — Rêveries, — Correspondance.

Tome VII et VIII, fin de la Correspondance, — Table analytique.

**Saint-Simon** (le duc de) : *Mémoires complets et authentiques* sur le siècle de Louis XIV et la Régence, collationnés sur le manuscrit original par M. Chéruel, et précédés d'une notice de M. Sainte-Beuve de l'Académie française. 13 vol.

**Voltaire** : *OEuvres complètes*.

En vente :

Tome I : Théâtre.

Les autres volumes sont sous presse et paraîtront à des délais très-rapprochés.

## III. CHEFS-D'ŒUVRE DES LITTÉRATURES MODERNES ÉTRANGÈRES
(A 3 FR. 50 C. LE VOLUME.)

**Byron** (lord) : *OEuvres complètes*, traduites de l'anglais par *Benjamin Laroche*, quatre séries :
1re série : *Child-Harold*. 1 vol.
2e série : *Poëmes*, 1 vol.
3e série : *Drames*, 1 vol.
4e série : *Don Juan*, 1 vol.
**Dante** : *La divine comédie*, traduite de l'italien par *P. A. Fiorentino*. 1 vol.

**Ossian** : Poëmes gaéliques recueillis par *Mac-Pherson*, traduits de l'anglais par *P. Christian*, et précédés de recherches sur Ossian et les Calédoniens. 1 vol.

Des traductions de Schiller, de Gœthe et de Shakspeare sont en préparation.

## IV. BIBLIOTHÈQUE DES MEILLEURS ROMANS ÉTRANGERS.
(A 2 FRANCS LE VOLUME.)

**Ainsworth** (W. Harrisson) : *Abigaïl*, ou la cour de la reine Anne, roman historique traduit de l'anglais par M. Révoil. 1 vol.
— *Crichton*, roman traduit par Ch. Romey. 1 vol.
— *La Tour de Londres*, roman traduit par Ed. Scheffter. 1 vol.
**Anonymes** : *Whitefriars*, traduit de l'anglais par M. Éd. Scheffter. 1 vol.
— *Whitehall*, traduit de l'anglais, par M. Éd. Scheffter. 1 vol.
— *Paul Ferroll*, traduit de l'anglais par Mme H. Loreau. 2 vol.
— *Les pilleurs d'épaves*, traduits de l'anglais par Louis Sténio. 1 vol.
— *Violette ; — Éléanor Raymond*. Imité de l'anglais par Old-Nick. 1 vol.
**Beecher-Stowe** (Mrs): *La case de l'oncle Tom*, traduit de l'anglais par Louis Énault. 1 vol.
**Bersezio** (V.) : *Nouvelles piémontaises*, traduites avec l'autorisation de l'auteur, par Amédée Roux. 1 vol.
**Bulwer Litton** (sir Edward) : *OEuvres*, traduites de l'anglais, avec l'autorisation de l'auteur, sous la direction de P. Lorain.
En vente :
— *Devereux*, traduit par William L. Hughhes. 1 vol.
— *Ernest Maltravers*, traduit par Mlle Collinet. 1 vol.
— *Le dernier des barons*, traduit par M. Bressant. 1 vol.
— *Le Désavoué*, traduit par M. Corréard. 2 vol.
— *Les derniers jours de Pompéi*, traduits par M. Hippolyte Lucas. 1 vol.
— *Mémoires de Pisistrate Caxton*, traduits par Éd. Scheffter. 1 vol.
— *Paul Clifford*, traduit par M. Virgile Boileau. 2 vol.
— *Rienzi*, traduit sous la direction de M. Lorain. 2 vol.
— *Zanoni*, traduit par M. Sheldon. 1 vol.
**Caballero** (Fernan) : *Nouvelles andalouses*, traduites de l'espagnol par A. Germond de Lavigne. 1 vol.
**Cervantès** : *Don Quichotte*, traduit de l'espagnol par L. Viardot. 2 vol.
— *Nouvelles*, traduites par le même. 1 v.
**Cummins** (miss) : *L'allumeur de réverbères*, traduit de l'anglais par MM. Belin de Launay et Ed. Scheffter. 1 vol.
— *Mabel Vaughan*, traduite de l'anglais, avec l'autorisation de l'auteur, par Mme H. Loreau. 1 vol.
**Currer-Bell** (Mrs Brontë) : *Jane Eyre*, ou les Mémoires d'une institutrice, roman traduit de l'anglais, avec l'autorisation de l'auteur, par Mme Lesbazeilles-Souvestre. 1 vol.
— *Le professeur*, trad. avec l'autorisation de l'auteur, par Mme H. Loreau. 2 vol.
— *Shirley*, traduit par M. Ch. Romey. 1 v.
**Dickens** (Charles) : *OEuvres*, traduites de l'anglais, avec l'autorisation de l'auteur, sous la direction de P. Lorain.

En vente :
— *Aventures de M. Pickwick.* 2 vol.
— *Barnabé Rudge.* 2 vol.
— *Bleak-House.* 2 vol.
— *Contes de Noël.* 1 vol.
— *David Copperfield.* 2 vol.
— *Dombey et fils.* 2 vol.
— *La petite Dorrit.* 3 vol.
— *Le magasin d'antiquités.* 2 vol.
— *Les temps difficiles.* 1 vol.
— *Nicolas Nickleby.* 2 vol.
— *Olivier Twist.* 1 vol.
— *Vie et aventures de Martin Chuzzlewit.* 2 vol.

**Disraeli** : *Sybil*, traduit de l'anglais, avec l'autorisation de l'auteur, par ***. 1 vol.

**Freytag** (G.) : *Doit et avoir*, traduit de l'allemand, avec l'autorisation de l'auteur, par W. de Suckau. 2 vol.

**Fullerton** (lady) : *L'Oiseau du bon Dieu*, traduit de l'anglais par Mlle de Saint-Romain, et publié avec l'autorisation de l'auteur. 1 vol.

**Fullon** (S. W.) : *La comtesse de Mirandole*, roman anglais traduit par Ch. Roquette. 1 vol.

**Gaskell** (Mrs) : *OEuvres*, traduites de l'anglais, avec l'autorisation exclusive de l'auteur.

En vente :
— *Marie Barton*, traduite par Mlle Morel. 1 vol.
— *Nord et sud*, traduit par Mmes H. Loreau et H. de Lespine. 1 vol.
— *Ruth*, traduit par M. ***. 1 vol.

**Gerstäcker** : *Les pirates du Mississipi*, traduits de l'allemand par B. H. Révoil. 1 vol.
— *Les deux Convicts*, traduits par B. H. Révoil. 1 vol.

**Gogol** (Nicolas) : *Les âmes mortes*, trad. du russe par Ernest Charrière. 1 vol.

**Grant** (James) : *Les mousquetaires écossais*, roman anglais traduit par M. Émile Ouchard. 2 vol.

**Hackländer** : *Boutique et comptoir*, traduit de l'allemand, avec l'autorisation de l'auteur, par Louis Sténio. 1 vol.

**Hauff** (Wilhem) : *Nouvelles*, traduites de l'allemand par A. Materne. 1 vol.

— *Lichtenstein*, épisode de l'histoire du Wurtemberg, traduit par MM. E. et H. de Suckau. 1 vol.

**Hildreth** : *L'esclave blanc*, nouvelle peinture de l'esclavage en Amérique, trad. de l'anglais par M. Mornand. 1 vol.

**James** : *Léonora d'Orco*, traduite de l'anglais, avec l'autorisation de l'auteur, par Mme de Morvan. 1 vol.

**Lennep** (J. Van) : *Les aventures de Ferdinand Huyck*, traduites du hollandais, avec l'autorisation de l'auteur, par M. Wocquier et D. Van Lennep. 1 vol.

**Lever** (Ch.) : *Harry Lorrequer*, traduit de l'anglais, avec l'autorisation de l'auteur, par M. Baudéan. 2 vol.

**Ludwig** (Otto) : *Entre ciel et terre*, traduit de l'allemand, avec l'autorisation de l'auteur, par A. Materne. 1 vol.

**Marvel** (Isaac) : *Le rêve de la vie*, roman anglais, traduit, avec l'autorisation de l'auteur, par Mme Mezzara. 1 vol.

**Mayne-Reid** : *La Quarteronne*, roman anglais traduit avec l'autorisation de l'auteur par L. Sténio. 1 vol.

**Mügge** (Th.) : *Afraja*, traduit de l'allemand, avec l'autorisation de l'auteur, par W. et E. de Suckau. 1 vol.

**Smith** (J. F.) : *Dick Tarleton*, traduit de l'anglais, avec l'autorisation de l'auteur, par Éd. Scheffter. 2 vol.
— *La femme et son maître*, traduit, avec l'autorisation de l'auteur, par H. de l'Espine. 3 vol.

**Stephens** (miss A. S.) : *Opulence et misère*, traduit de l'anglais par Mme Loreau. 1 vol.

**Thackeray** : *OEuvres*, traduites de l'anglais, avec l'autorisation de l'auteur.

En vente :
— *Henry Esmond*, traduit par Léon de Wailly. 1 vol.
— *Histoire de Pendennis*, traduite par Éd. Scheffter. 3 vol.
— *La foire aux vanités*, traduite par G. Guiffrey. 4 vol.
— *Le livre des Snobs*, traduit par G. Guiffrey. 1 vol.
— *Mémoires de Barry Lyndon*, traduits par Léon de Wailly.

**Tourguéneff** : *Scènes de la vie russe*, traduites du russe avec l'autorisation de l'auteur.

   1re série, trad. par X. Marmier. 1 vol.
   2e série, trad. par M. L. Viardot. 1 v.
   Chaque série se vend séparément.

— *Mémoires d'un seigneur russe*, traduits par E. Charrière. 2e édition. 1 vol.

**Trollope** (Francis) : *La pupille*, roman anglais traduit par Mme Sara de La Fizelière. 1 vol.

**Wilkie Collins** : *Le secret*, roman anglais, traduit, avec l'autorisation de l'auteur, par Old-Nick. 1 vol.

**Zschokke** : *Addrich des Mousses*, roman allemand traduit par W. de Suckau. 1 v.
— *Le château d'Aarau*, traduit de l'allemand par W. de Suckau. 1 vol.
— *Contes suisses*, traduits par W. de Suckau. 1 vol.

## V. CHEFS-D'ŒUVRE DES LITTÉRATURES ANCIENNES.

(A 3 FR. 50 C. LE VOLUME.)

**Hérodote** : *OEuvres complètes*, traduction nouvelle par M. Giguet. 1 vol.

**Homère** : *OEuvres complètes*, traduction nouvelle, suivie d'un Essai d'encyclopédie homérique, par M. P. Giguet. 4e édition. 1 vol.

**Lucien** : *OEuvres complètes*, traduction nouvelle, suivie d'une table analytique, par M. Talbot. 2 vol.

**Tacite** : *OEuvres complètes*, traduites en français avec une introduction et des notes par J. L. Burnouf. 1 volume.

**Xénophon** : *OEuvres complètes*, traduction nouvelle par M. Talbot. 2 vol.

Des traductions d'Aristophane, d'Eschyle, de Sophocle, d'Euripide, de Plutarque et de Strabon sont en préparation.

## VI. CHEFS-D'ŒUVRE DE LA PHILOSOPHIE ANCIENNE ET MODERNE.

(A 3 FR. 50 C. LE VOLUME.)

**Bossuet** : *OEuvres philosophiques*, comprenant les Traités de la connaissance de Dieu et de soi-même, et du Libre arbitre, la Logique, et le Traité des causes, publiées par M. de Lens. 1 vol.

**Descartes, Bacon, Leibnitz**, recueil contenant : 1° Discours de la Méthode; 2° Traduction nouvelle en français du *Novum organum* ; 3° Fragments de la Théodicée, avec des notes par M. Lorquet, professeur de philosophie au lycée Saint-Louis. 1 vol.

**Fénelon** : *OEuvres philosophiques*, comprenant le Traité de l'Existence de Dieu, les lettres sur divers sujets de métaphysique, etc., publiées par M. Danton. 1 vol.

**Nicole** : *OEuvres philosophiques et morales*, comprenant un choix de ses essais et publiées avec des notes et une introduction, par M. Jourdain. 1 v.

---

Imprimerie de Ch. Lahure et Cie, rues de Fleurus, 9, et de l'Ouest, 21.

www.ingramcontent.com/pod-product-compliance
Lightning Source LLC
Chambersburg PA
CBHW050800170426
43202CB00013B/2506